Potsdamer Studien zur Grundschulforschung
Heft 31

Marianne Grassmann • Martina Klunter • Egon Köhler
Elke Mirwald • Monika Raudies • Oliver Thiel

Mathematische Kompetenzen von Schulanfängern

Teil 2
Was können Kinder am Ende der Klasse 1?

Universitätsverlag Potsdam
2003

Bibliografische Information Der Deutschen Bibliothek
Die Deutsche Bibliothek verzeichnet diese Publikation in der Deutschen
Nationalbibliografie; detaillierte bibliografische Daten sind im Internet über
http://dnb.ddb.de abrufbar.

© Universität Potsdam, 2003

Herausgeber:	Universität Potsdam Institut für Grundschulpädagogik Mathematik
Druck:	Audiovisuelles Zentrum der Universität Potsdam
Vertrieb:	Universitätsverlag Potsdam Postfach 60 15 53 14415 Potsdam Fon +49 (0) 331 977 4517 / Fax 4625 e-mail: ubpub@rz.uni-potsdam.de

ISBN	**3-935024-75-4**
ISSN	**0945-6643**

Inhalt

3

1 Einleitung

Schule und das Wissen, das deutsche Kinder im Unterricht erwerben, sind ausgehend von den Ergebnissen der internationalen Vergleichsstudien stärker in den Blickpunkt öffentlichen Interesses gelangt. Bei diesen Diskussionen um eine Verbesserung des „Outputs" der Schulen spielen aus unserer Sicht die Bedingungen, unter denen Unterricht durchgeführt wird, eine zu geringe Rolle. Ein wichtiger Aspekt dieser Bedingungen ist die Lernausgangslage der Kinder. Diese Lernvoraussetzungen zu erfassen, um im Unterricht daran anknüpfen zu können, erscheint uns im Ergebnis internationaler Vergleichsuntersuchungen wie TIMSS, PISA und IGLU eine nach wie vor wichtige und interessante Aufgabe, um eine Verbesserung der Ergebnisse des Unterrichts zu erreichen.

Mit IGLU sind erstmals Vergleichsergebnisse vorgelegt worden, bei denen auch deutsche Grundschüler einbezogen waren. Erfreulich für die deutschen Grundschulen ist, dass die Ergebnisse nicht so schlecht ausfielen wie bei den Vergleichsuntersuchungen für die Sekundarstufe. Auch wenn also die Schuld für die schlechten Ergebnisse in den Sekundarstufen nicht einseitig in unzureichenden Vorleistungen der Grundschule zu suchen sind, wäre Zufriedenheit aber sicher fehl am Platze zumal am Ende der Klasse 4 zu viele deutsche Grundschulkinder bei den mathematischen Leistungen auf der niedrigsten Kompetenzstufe sind. Die IGLU-Untersuchungen bezogen sich auf das am Ende der Klasse 4 erreichte Niveau. Wie dieses Niveau erreicht wurde, welches Wissen und welche Kompetenzen Kinder in den Unterricht mitbringen, spielte keine Rolle.

Qualitätssicherung von Unterricht beginnt aus unserer Sicht mit einer möglichst genauen Bestimmung der Lernausgangslage, dem Fundament, auf dem Unterricht aufbauen kann, und diesem Anliegen dient unsere Studie.

Nach unserer Längsschnittstudie[1] zu Vorkenntnissen von Grundschulkindern zu zentralen Inhalten des Mathematikunterrichts der Grundschule (Klassen 1 bis 4) wollten wir in einer neuen Untersuchung die mathematischen Kompetenzen von Schulanfängern detaillierter erfassen und vor allem auch mit den Leistungen vergleichen, die Grundschulkinder bei der Lösung identischer Aufgaben am Ende des ersten Schuljahres zeigen. Dabei sollten auch die Einstellungen von Lehrkräften zum Unterricht und ihre Erwartungen an die Vorkenntnisse der Kinder erfasst werden.

Die Ergebnisse des Tests zu Beginn der Klasse 1 und die der Lehrerbefragung haben wir im Heft 30 (2203) der Potsdamer Studien zur Grundschulpädagogik[2] veröffentlicht.

Mit diesem zweiten Teil unserer Veröffentlichung wollen wir nun die Ergebnisse der Datenerhebung am Ende der Klasse 1 vorlegen, nachdem im ersten Teil[2] detailliert die Vorkenntnisse der Schulanfänger und die Ergebnisse der Lehrerbefragung ausgewertet wurden.

Wir wollen also den Lernzuwachs der Kinder bezogen auf die von uns gestellten Aufgaben untersuchen und dabei folgenden Fragen nachgehen:

- Wie sehen die Lösungshäufigkeiten bei den einzelnen Aufgaben am Ende der Klasse 1 aus?
- Bei welchen Aufgaben kann im Vergleich zum Schulanfang ein besonders großer Lernzuwachs festgestellt werden?
- Welche Lösungswege und –strategien der Kinder können den schriftlichen Dokumenten entnommen werden?

---

[1] Eine Übersicht über wichtige Ergebnisse findet man in: Grassmann, M. : Kinder wissen viel - zusammenfassende Ergebnisse einer mehrjährigen Untersuchung zu mathematischen Vorkenntnissen von Grundschulkinder; Schroedel, Hannover 2000

[2] Mathematische Kompetenzen von Schulanfängern – Teil 1: Kinderleistungen und Lehrererwartungen; Potsdamer Studien zur Grundschulforschung 30 (2002)

- Wo werden besondere Schwierigkeiten der Kinder deutlich, welche (typischen) Fehler treten auf?
- Werden die Schwankungen in Leistungen geringer oder größer?
- Wie entwickeln sich die Unterschiede in den Leistungen zwischen den Klassen und Bundesländern?
- Wie entwickeln sich die Leistungen von Jungen und Mädchen im Vergleich?
- Welche Beziehungen gibt es zwischen den Lernzuwächsen der Kinder und den Auffassungen der Lehrkräfte zum Unterricht. Dabei stützen wir uns auf die Ergebnisse der Fragebogenauswertung zum ersten Untersuchungszeitpunkt.

Schließlich wollen wir kurz auf die Frage eingehen, welche Schlussfolgerungen sich für den Unterricht aus unseren Untersuchungen ergeben.

Wir hoffen mit dieser Veröffentlichung dazu beizutragen, dass immer wieder neu über den Unterricht nachgedacht wird, dass es zu einer Selbstverständlichkeit wird, sich vor der Behandlung eines Unterrichtsinhalts detailliert über die Lernausgangslage der Kinder einer Klasse zu informieren.

Berlin, Münster, Potsdam

Marianne Grassmann - Martina Klunter - Egon Köhler - Elke Mirwald - Monika Raudies
Oliver Thiel

2 Auswahl der Aufgaben und Untersuchungsdesign

Für den ersten Test hatten wir 19 Aufgaben entwickelt, eine 20. Aufgabe wurde nur in den beiden Klassen gestellt, in denen die Kinder bei der Lösung der Aufgaben interviewt wurden.

Da wir die Leistungen am Ende des Schuljahres mit denen, die die Kinder bereits zu Beginn der Klasse 1 zeigten, vergleichen wollten, haben wir selbstverständlich die gleichen Aufgaben eingesetzt. Wir haben uns dazu entschieden, folgende Aufgaben nicht mehr einzusetzen:

- Aufgabe zur Identifikation der Ziffer 5; dies sollten alle Kinder am Ende der Klasse 1 können
- Menge zu einer Zahl angeben; 9 Kreise von 20 gegebenen ausmalen
- Anzahl von 7 abgebildeten Vögeln bestimmen; auch das sollte bis zur Geläufigkeit in der Klasse 1 geübt worden sein
- Volumenvergleich (in welcher Flasche ist mehr Wasser)
- Längenvergleich ohne Messen, den kürzesten von drei Bleistiften markieren;
- ein Viereck zeichnen

Bei all diesen Aufgaben war der Anteil richtiger Lösungen bereits zu Beginn der Klasse 1 sehr hoch. Im Nachhinein betrachtet wäre es sicher informativ, den Kindern auch die Aufgaben vorzulegen, auf die wir verzichtet haben, um z.B. zu sehen, ob auch am Ende der Klasse 1 wieder fast alle Kinder Vierecke zeichnen, die wie Quadrate aussehen, oder ob die Reichhaltigkeit der Muster zur Zahl 9 abnimmt.

Bevor die den Kindern gestellten Aufgaben noch einmal vorgestellt werden folgen einige Bemerkungen zum Untersuchungsdesign.

Auch aus Gründen der Vergleichbarkeit haben wir uns wieder für einen schriftlichen Test entschieden. Die Aufgaben wurden den Kindern von Mitgliedern unserer Forschungsgruppe bzw. weiteren Mitarbeitern und studentischen Hilfskräften[3] vorgelegt. Die Aufgabentexte wurden wiederum von uns vorgelesen und Jungen und Mädchen arbeiteten wieder mit unterschiedlich farbigen Stiften.

Insgesamt nahmen zum zweiten Messzeitpunkt noch 777 Kinder aus 37 Klassen in Berlin, Brandenburg und NRW teil. 3 Klassen, die zum ersten Messzeitpunkt an der Untersuchung teilnahmen fielen zum zweiten Messzeitpunkt aus schulinternen Gründen aus. Die Datenerhebung erfolgte zwei Wochen vor Ende des Schuljahres.

Die Daten wurden auf Klassenebene erhoben; eine Erhebung auf Individualebene war aus Datenschutzgründen nicht möglich. Deshalb bleiben wir bei der Auswertung der Daten zu den Lösungen der einzelnen Aufgaben in der Regel bei Mittelwerten, werden aber auch beispielhaft Kinderlösungen vorstellen. Aussagen zur Entwicklung einzelner Kinder, die sicher sehr interessant wären, sind so nicht möglich.

Bevor nun zur Erinnerung die Aufgaben – insbesondere für Leser, denen der erste Teil unserer Veröffentlichung nicht vorliegt - im Einzelnen noch einmal vorgestellt werden, noch eine Bemerkung: **Kein Kind** brachte zu Beginn des zweiten Tests uns gegenüber zum Ausdruck, dass es sich an eine der gestellten Aufgaben erinnern konnte. Dagegen waren die Kinder stolz darauf, sich daran zu erinnern, dass wir zu Beginn der Klasse 1 schon einmal da waren und (Mathe) Rechenaufgaben gestellt hatten.

---

[3] Um keinen falschen Eindruck entstehen zu lassen, es war stets nur ein Forscher in einer Klasse, da die Untersuchungen aber in einem kurzen Zeitraum durchgeführt werden sollten, haben wir weitere Kräfte angeleitet, die uns bei der Durchführung unterstützt haben.

Nachfolgend die Aufgaben in der Reihenfolge, in der sie den Kindern vorgelegt wurden.

Aufgabe 1

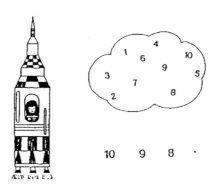

Vielleicht habt ihr schon einmal den Start einer Rakete gesehen. Bevor die Rakete los fliegt wird gezählt: 5, 4, 3, 2, 1, Start.
Auf dem Bild seht ihre eine Rakete. Hört genau zu: Jemand hat angefangen so zu zählen: 10, 9, 8, welche Zahl muss jetzt kommen? Suche sie in der Wolke und kreuze sie an.

Die Fähigkeit, rückwärts zu zählen, kombiniert mit der Fähigkeit, die Ziffer 7 zu identifizieren wird hier verlangt.

Aufgabe 2

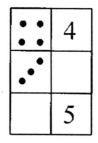

Auf dem Bild seht ihr Punkte und Zahlen. Neben einem Kästchen mit Punkten seht ihr die passende Zahl. Fülle die leeren Kästchen aus.
(Einmal musst du eine Zahl schreiben, das andere mal musst du Punkte malen.)

Die Zuordnung Punktbild – Ziffer war vorzunehmen und es wird verlangt, die Ziffer 3 zu schreiben.

Aufgabe 3

Auf dem Bild siehst du 7 Vögel. Alle Vögel haben auf der Leitung gesessen. Eine Katze kommt und 5 Vögel fliegen weg. Wie viele Vögel bleiben?

Es ist eine Subtraktionsaufgabe zu lösen, wobei die Abbildung die Möglichkeit bietet, die Lösung abzulesen bzw. zählend zu ermitteln.

Aufgabe 4

Auf einer Leitung sitzen 8 Vögel. Sechs Vögel kommen angeflogen. Wie viele Vögel sind auf dem Bild? Schreibe dein Ergebnis als Zahl oder male wieder Striche.

Es ist eine Additionsaufgabe zu lösen, wobei die Abbildung die Möglichkeit bietet, die Lösung abzulesen bzw. zählend zu ermitteln.

Aufgabe 5

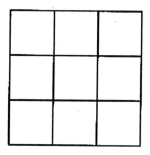

Auf dem Bild siehst du Kästchen. Zeichne in das mittlere Kästchen ein Kreuz. Zeichne in das Kästchen darüber einen Punkt. Zeichne rechts unten einen Strich.

Hier geht es um die Orientierungsfähigkeit, wobei die Kenntnis der Begriffe „Mitte", „darüber", „rechts", und „unten" vorausgesetzt wird.

Aufgabe 6

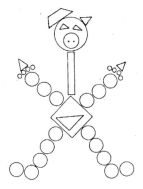

Die Kinder der ersten Klasse haben Figuren geklebt. Hier siehst du Rudi. Male alle Dreiecke aus.

Die Kenntnis des Begriffs „Dreieck" und die Wahrnehmungskonstanz werden erfasst.

Aufgabe 7

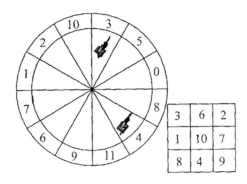

Auf dem Bild siehst du ein Dartspiel. Anne hat zweimal mit ihren Pfeilen getroffen. Einmal eine 3 und einmal eine 4. Wie viele Punkte hat sie insgesamt erreicht? Suche die Zahl in der Liste und kreuze sie an.

Es ist eine Additionsaufgabe zu lösen, wobei die Darstellung keine Lösungshilfe bietet.

Aufgabe 8

Sebastian hat in seinem Portmonee 10 Mark. Er kauft für seine Mutter einen Blumenstrauß für 6 Euro. Wie viel Geld bleibt übrig? Kreuze die Zahl an.

Es ist eine Subtraktionsaufgabe zu lösen, wobei die Darstellung keine Lösungshilfe bietet.

Aufgabe 9

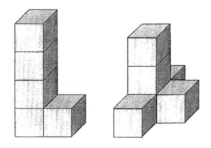

Tom hat mit Würfeln gebaut. Auf dem Bild seht ihr zwei seiner Gebäude. Wo hat er mehr Würfel gebraucht? Kreuze an.

Hier geht es um das Testen eines Aspekts der Raumvorstellung, insbesondere um das Umsetzen einer ebenen Darstellung in ein räumliches Bild.

Aufgabe 10

Auf dem Bild seht ihr einen Bus und vier Kinder. Seht ihr alle vier Kinder? Neben dem großen Bild ist ein kleines Bild. Welches Kind sieht den Bus so wie auf dem kleinen Bild?

Auch hier geht es um das räumliche Vorstellungsvermögen und die Fähigkeit der Kinder, sich in die Position von anderen hineinzuversetzen.

Aufgabe 11

Auf dem Bild siehst du Kästchen. Male die Hälfte der Kästchen aus.

Hier geht es um die Kenntnis des Begriffs „Hälfte" und um die Fähigkeit der Kinder, eine gegebene Anzahl von Kästchen zu halbieren.

Aufgabe 12

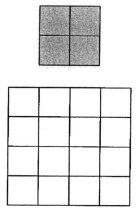

Du siehst hier zweimal Kästchen. Einmal habe ich welche ausgemalt. Male du (unten) doppelt so viele Kästchen aus.

Es geht um die Kenntnis des Begriffs „Doppeltes" und die Fähigkeit der Kinder, eine gegebene Anzahl von Kästchen zu verdoppeln.

Aufgabe 13

Die Kinder erhielten eine Streichholzschachtel mit einer Murmel. Auf dem Aufgabenzettel war folgende Abbildung zu sehen.

In der Schachtel ist eine Murmel. Wie viele Murmeln passen wohl in die Schachtel, wenn die Schachtel ganz voll ist?

Es geht um die Fähigkeit, eine Anzahl zu schätzen und damit auch um Zahlvorstellungen der Kinder.

Aufgabe 14

Rotkäppchen hat für seine Großmutter eingekauft. Sie hat in ihrem Korb 2 Becher Joghurt und 5 Brötchen. Wie alt ist die Großmutter?

Wir wollten beobachten, wie kritisch die Kinder mit derartigen Zahlenangaben umgehen und ob sie Kapitänsaufgaben erkennen.

3 Ergebnisse

3.1 Ergebnisse in den einzelnen Bundesländern bezogen auf die einzelnen Aufgaben

Auswertung der 1. Testaufgabe (Rückwärtszählen – alte Aufgabe 3)

Berlin:

Anzahl der Schüler:	206	
Aufgabe richtig gelöst	193	93,7%
		Ju: 95%, Mä: 92,5%
Aufgabe falsch gelöst	13	6,3%
Aufgabe nicht gelöst	0	0 %

Brandenburg

Anzahl der Schüler	194	
Aufgabe richtig gelöst:	171	88,2%
		Ju: 84%; Mä: 92,6%
Aufgabe falsch gelöst:	23	11,8%
Aufgabe nicht gelöst:	0	

NRW

Anzahl der Schüler:	377	
Aufgabe richtig gelöst:	345	91,51%
		Ju: 89,8%; Mä: 92,6%
Aufgabe falsch gelöst:	31	8,2%
Aufgabe nicht gelöst:		0,3%

Insgesamt:

Anzahl der Schüler:	777	
Aufgabe richtig gelöst:	709	91,2%
		Ju:90,5%, Mä:92,8%
Aufgabe falsch gelöst:	67	8,6%
Aufgabe nicht gelöst:	1	0,01%

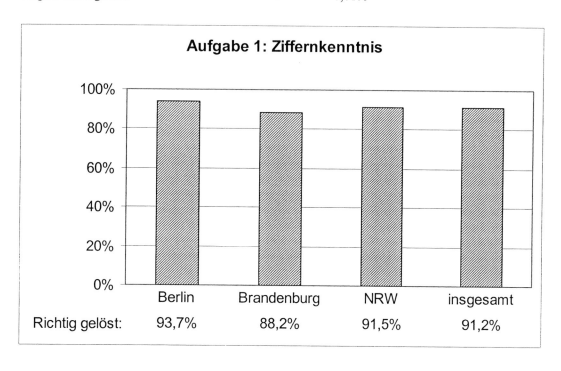

Aufgabe 1: Ziffernkenntnis

	Berlin	Brandenburg	NRW	insgesamt
Richtig gelöst:	93,7%	88,2%	91,5%	91,2%

Der Anteil richtiger Lösungen - bezogen auf die einzelnen Klassen - schwankte zwischen 61,5% und 100%; in 14 Klassen lösten alle Kinder diese Aufgabe richtig.

Im Test zu Beginn des Schuljahres hatten insgesamt 59,5% der beteiligten Kinder diese Aufgabe richtig gelöst. Hier lagen die Schwankungen der richtigen Ergebnisse in den einzelnen Klassen zwischen 10% und 100%, wobei nur in einer Klasse alle Kinder diese Aufgabe richtig lösten.

Auswertung der 2. Testaufgabe (Zuordnung Punktbild – Ziffern; alte Aufgabe 4)

Teilaufgabe 2.1:　　　Punktbild

Berlin:

Anzahl der Schüler:	206	
Aufgabe richtig gelöst:	199	96,6%
		Ju:95%; Mä:98,2%
Aufgabe falsch gelöst	7	3,4%
Aufgabe nicht gelöst	0	0%

Brandenburg:

Anzahl der Schüler:	194	
Teilaufgabe richtig gelöst:	191	98,5%
		Ju:98%; Mä: 98,9%
Teilaufgabe falsch gelöst:	2	1,0 %
Teilaufgabe nicht gelöst:	1	0,5%

NRW

Anzahl der Schüler:	377	
Teilaufgabe richtig gelöst:	359	95,23%
		Ju: 96%; Mä: 94%
Teilaufgabe falsch gelöst:	15	3,9 %
Teilaufgabe nicht gelöst:	3	0,8%

Insgesamt:

Anzahl der Schüler:	777	
Aufgabe richtig gelöst:	749	96,4%
		Ju:96,1%;Mä:96,7%
Aufgabe falsch gelöst:	24	3,1%
Aufgabe nicht gelöst:	4	0,5%

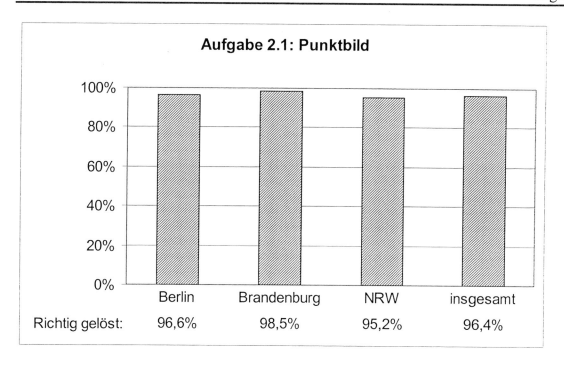

Aufgabe 2.1: Punktbild

Richtig gelöst:	Berlin	Brandenburg	NRW	insgesamt
	96,6%	98,5%	95,2%	96,4%

Der Anteil richtiger Lösungen schwankte in den einzelnen Klassen zwischen 80% und 100%, wobei in 18 Klassen alle Kinder diese Teilaufgabe richtig lösten.

Teilaufgabe 2.2:   Ziffern

Berlin:

Anzahl der Schüler:	206	
Aufgabe richtig gelöst:	198	96,1%
		Ju:95%; Mä:97,2%
Aufgabe falsch gelöst:	8	3,9%
Aufgabe nicht gelöst:	0	0%

Brandenburg

Anzahl der Schüler:	194	
Teilaufgabe richtig gelöst:	183	94,3%
		Ju:95% Mä: 93,6%
Teilaufgabe falsch gelöst:	7	3,6%
Teilaufgabe nicht gelöst:	4	2,1%

NRW

Anzahl der Schüler:	377	
Teilaufgabe richtig gelöst:	358	94,96%
		Ju:95%; Mä: 94%
Teilaufgabe falsch gelöst:	17	4,51%
Teilaufgabe nicht gelöst:	2	0,5%

Insgesamt:

Anzahl der Schüler:	777	
Aufgabe richtig gelöst:	739	95,1%
		Ju: 94,8%; Mä: 95,4%
Aufgabe falsch gelöst:	32	4,1%
Aufgabe nicht gelöst:	6	0,8%

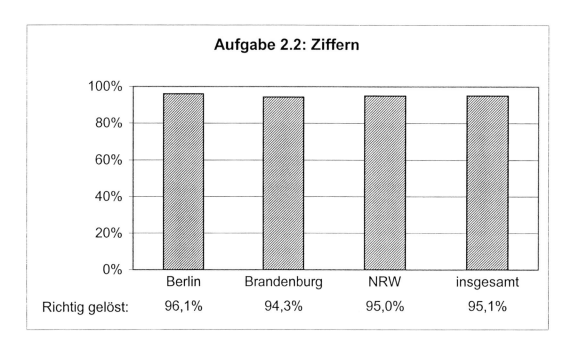

Aufgabe 2.2: Ziffern

	Berlin	Brandenburg	NRW	insgesamt
Richtig gelöst:	96,1%	94,3%	95,0%	95,1%

Der Anteil richtiger Lösungen in den einzelnen Klassen schwankte bei dieser Teilaufgabe zwischen 61,6% und 100%; wobei in 14 Klassen alle Kinder diese Aufgabe lösten.

Auswertung der 3. Testaufgabe (Subtraktion 7 – 2; alte Aufgabe 6)

Berlin:

Anzahl der Schüler:	206	
Aufgabe richtig gelöst:	186	90,3%
		Ju: 91%; Mä:89,6%
Aufgabe falsch gelöst:	20	3,9%
Aufgabe nicht gelöst:	0	0 %

Richtige Lösungen (n=186):

	absolut	relativ
(nur) Ziffer 2 geschrieben	54	29%
eine passende Gleichung notiert	74	39,8%
nicht passende Gleichung notiert	16	8,6%
(nur) Gleichung notiert (ohne Ergebnis hervorzuheben)	42	22,6%

Brandenburg:

Anzahl der Schüler:	194	
Aufgabe richtig gelöst:	182	93,8%
		Ju:97%%; Mä:90,4%
Aufgabe falsch gelöst:	11	5,7%
Aufgabe nicht gelöst:	1	0,5%

Richtige Lösungen (n=182):

	absolut	relativ
(nur) Ziffer 2 geschrieben	131	67,5%
eine passende Gleichung notiert	48	24,8%
nicht passende Gleichung notiert	3	1,5%

16

NRW

Anzahl der Schüler:	377	
Aufgabe richtig gelöst:	340	90,19%
		Ju: 92%; Mä: 85%
Aufgabe falsch gelöst:	36	9,5%
Aufgabe nicht gelöst:	1	0,3%

Richtige Lösungen (n=340):

	absolut	relativ
(nur) Ziffer 2 geschrieben	121	32,10%
eine passende Gleichung notiert	219	58,09%
nicht passende Gleichung notiert		

Insgesamt:

Anzahl der Schüler:	777	
Aufgabe richtig gelöst:	707	91,0%
		Ju: 92,7%; Mä: 89,3%
Aufgabe falsch gelöst:	57	7,3%
Aufgabe nicht gelöst::	2	0,3%

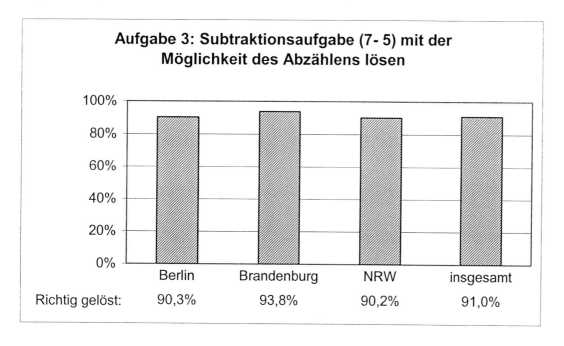

Hier schwankten die Häufigkeiten richtiger Lösungen in den einzelnen Klassen zwischen 76,5% und 100%. In 6 Klassen lösten alle Kinder diese Aufgabe richtig.
Beim Test zu Beginn des Schuljahres hatten diese Aufgabe 92,8% der beteiligten Kinder gelöst; wobei die Schwankungen in den Leistungen der Klassen zwischen 67% und 100% lagen. In 18 von 40 beteiligten Klassen hatten alle Kinder diese Aufgabe richtig gelöst.

Auswertung der 4. Testaufgabe (Additionsaufgabe 8+6; alte Aufgabe 7)

Berlin:

Anzahl der Schüler:	206	
Aufgabe richtig gelöst	178	86,4%
		Ju: 86,0%; Mä: 86,8%
Aufgabe falsch gelöst:	27	13,1%
Aufgabe nicht gelöst:	1	0,5%

Richtige Lösungen (n = 178):

	absolut	relativ
(nur) Ziffer geschrieben	49	27,5%
eine passende Gleichung notiert	71	39,9%
nicht passende Gleichung notiert	9	5,1%
(nur) Gleichung notiert (ohne Ergebnis hervorzuheben)	49	27,5%

Brandenburg:

Anzahl der Schüler:	194	
Aufgabe richtig gelöst:	171	88,2%
		Ju: 91% ; Mä: 85,1%
Aufgabe falsch gelöst:	21	10,8%
Aufgabe nicht gelöst:	2	1,0%

Richtige Lösungen(n=171):

	absolut	relativ
(nur) Ziffer 14 geschrieben	127	65,5%
Ziffer und passende Gleichung	43	22,2%
Ziffer und dazu nicht passende Gleichung	1	0,5%

NRW

Anzahl der Schüler:	377	
Aufgabe richtig gelöst:	324	85,9%
		Ju: 88%; Mä: 84%
Aufgabe falsch gelöst:	47	12,5%
Aufgabe nicht gelöst:	6	1,6%

Richtige Lösungen (n=324):

	absolut	relativ
(nur)Ziffer 14 geschrieben	121	32,10%
eine passende Gleichung notiert	203	53,85%
nicht passende Gleichung notiert	0	

Insgesamt:

Anzahl der Schüler:	777	
Aufgabe richtig gelöst:	673	86,6%
		Ju: 88,3%, Mä: 85%
Aufgabe falsch gelöst:	95	12,2%
Aufgabe nicht gelöst:	9	1,2%

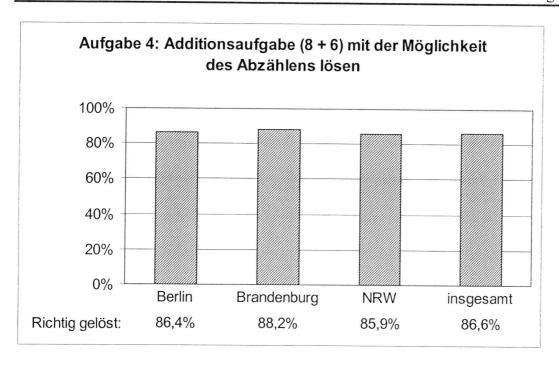

Aufgabe 4: Additionsaufgabe (8 + 6) mit der Möglichkeit des Abzählens lösen

Richtig gelöst:	Berlin	Brandenburg	NRW	insgesamt
	86,4%	88,2%	85,9%	86,6%

Der Anteil richtiger Lösungen schwankte in den einzelnen Klassen zwischen 65% und 100%; in 5 Klassen lösten alle Kinder diese Aufgabe richtig.
Zu Beginn des Schuljahres hatten 63,7% der Kinder diese Aufgabe richtig gelöst; wobei der Anteil richtiger Lösungen in den einzelnen Klassen zwischen 36% und 95% schwankte.

Auswertung der 5. Testaufgabe (Relationsverständnis, Orientierung; alte Aufgabe 8)

Aufgabe 5.1: Orientierung und „Mitte"

Berlin:
Anzahl der Schüler:	206	
Aufgabe richtig gelöst:	199	96,6%
Aufgabe falsch gelöst:	4	1,9%
Aufgabe nicht gelöst:	3	1,5%

Brandenburg:
Anzahl der Schüler:	194	
Aufgabe richtig gelöst:	185	95,4%
Aufgabe falsch gelöst:	9	4,6%
Aufgabe nicht gelöst:	0	0%

NRW
Anzahl der Schüler:	377	
Aufgabe richtig gelöst:	360	95,5%
Aufgabe falsch gelöst:	37	9,8%
Aufgabe nicht gelöst:	2	0,5%

Insgesamt:
Anzahl der Schüler:	777	
Aufgabe richtig gelöst:	744	95,8%
		Ju:95,3%;Mä:96,2%
Aufgabe falsch gelöst:	28	3,6%
Aufgabe nicht gelöst:	5	0,6%

19

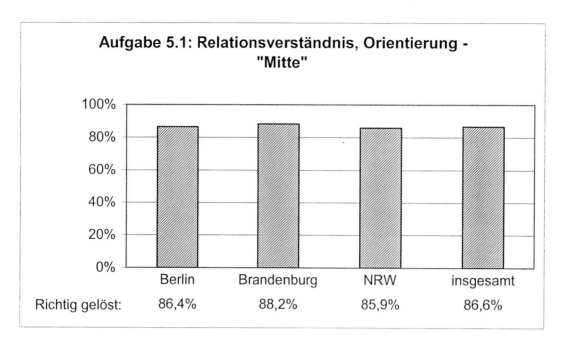

Der Anteil richtiger Lösungen in den einzelnen Klassen schwankte bei dieser Teilaufgabe zwischen 69,2% und 100%; wobei in 22 Klassen alle Kinder diese Aufgabe lösten.

5.2 Auswertung „Punkt"

Berlin

Anzahl der Schüler:	206	
Aufgabe richtig gelöst:	189	91,7%
Aufgabe falsch gelöst:	15	7,3%
Aufgabe nicht gelöst:	2	1%

Brandenburg:

Anzahl der Schüler:	194	
Aufgabe richtig gelöst:	184	94,9%
Aufgabe falsch gelöst:	9	4,6%
Aufgabe nicht gelöst:	1	0,5%

NRW

Anzahl der Schüler:	377	
Aufgabe richtig gelöst:	333	88,3%
Aufgabe falsch gelöst:	37	9,8%
Aufgabe nicht gelöst:	7	1,9%

Insgesamt:

Anzahl der Schüler:	777	
Aufgabe richtig gelöst:	706	90,8%
		Ju: 89,3%; Mä: 92,1%
Aufgabe falsch gelöst:	61	7,8%
Aufgabe nicht gelöst:	10	1,3%

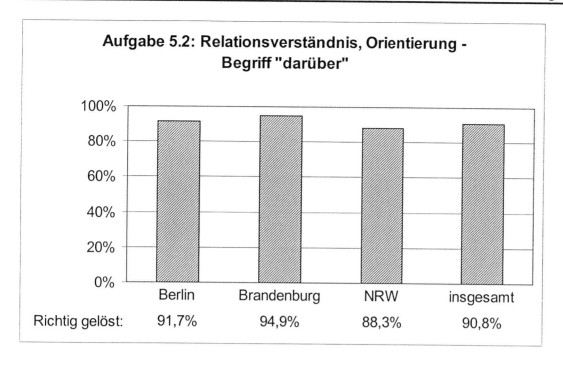

Aufgabe 5.2: Relationsverständnis, Orientierung - Begriff "darüber"

	Berlin	Brandenburg	NRW	insgesamt
Richtig gelöst:	91,7%	94,9%	88,3%	90,8%

Der Anteil richtiger Lösungen in den einzelnen Klassen schwankte bei dieser Teilaufgabe zwischen 56,5% und 100%; wobei in 13 Klassen alle Kinder diese Aufgabe lösten.

Aufgabe 5.3: Orientierung „rechts" und „unten"

Berlin
Anzahl der Schüler:	206	
Aufgabe richtig gelöst:	182	88,3%
Aufgabe falsch gelöst:	21	10,6%
Aufgabe nicht gelöst:	3	1,5%

Brandenburg:
Anzahl der Schüler:	194	
Aufgabe richtig gelöst:	173	89,2%
Aufgabe falsch gelöst:	20	10,3%
Aufgabe nicht gelöst:	1	0,5%

NRW
Anzahl der Schüler:	377	
Aufgabe richtig gelöst:	289	76,7%
Aufgabe falsch gelöst:	76	20,2%
Aufgabe nicht gelöst:	12	3,2%

Insgesamt:
Anzahl der Schüler:	777	
Aufgabe richtig gelöst:	644	82,9%
		Ju: 82,8%; Mä: 83,0%
Aufgabe falsch gelöst:	117	15,1%
Aufgabe nicht gelöst:	16	2,1%

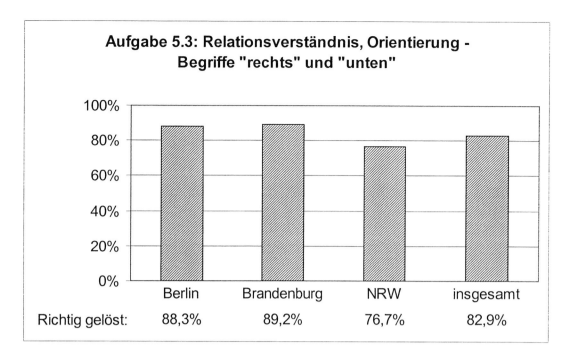

Aufgabe 5.3: Relationsverständnis, Orientierung - Begriffe "rechts" und "unten"

	Berlin	Brandenburg	NRW	insgesamt
Richtig gelöst:	88,3%	89,2%	76,7%	82,9%

Der Anteil richtiger Lösungen in den einzelnen Klassen schwankte bei dieser Teilaufgabe zwischen 43,5% und 100%; wobei in 2 Brandenburger Klassen alle Kinder diese Aufgabe lösten.

Interessant ist auch festzustellen, dass in keiner Klasse alle Kinder alle drei Teilaufgaben richtig bewältigten. In der Klasse, in der die meisten Kinder alle Teilaufgaben richtig bewältigten, waren es 96% der Kinder (also 1 Kind schaffte es nicht, alle Teilaufgaben richtig zu lösen).

Auswertung der 6. Testaufgabe (Wahrnehmungskonstanz, Dreiecke erkennen, alte Aufgabe 12)

Berlin:

Anzahl der Schüler:	206	
Aufgabe richtig gelöst:	157	76,2%
		Ju: 74,7%; Mä: 78,3%
Aufgabe falsch gelöst:	47	22,8%
Aufgabe nicht gelöst:	2	1%

Brandenburg:

Anzahl der Schüler:	194	
Aufgabe richtig gelöst:	171	88,2%
		Ju: 86,0% ; Mä: 90,4%
Aufgabe falsch gelöst:	23	11,8%
Aufgabe nicht gelöst:	0	0%

NRW:

Anzahl der Schüler:	377	
Aufgabe richtig gelöst:	295	78,2%
		Ju: 77,0%; Mä: 79,0%
Aufgabe falsch gelöst:	80	21,2%
Aufgabe nicht gelöst:	2	0,5%

Insgesamt:

Anzahl der Schüler:	777	
Aufgabe richtig gelöst:	623	80,2%
		Ju: 78,1%; Mä: 82,2%
Aufgabe falsch gelöst:	150	19,3%
Aufgabe nicht gelöst:	4	0,5%

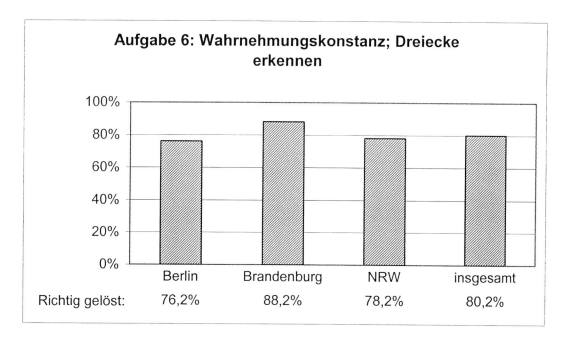

Aufgabe 6: Wahrnehmungskonstanz; Dreiecke erkennen

	Berlin	Brandenburg	NRW	insgesamt
Richtig gelöst:	76,2%	88,2%	78,2%	80,2%

Der Anteil richtiger Lösungen schwankte in den einzelnen Klassen zwischen 47,8% und 100%; in drei Brandenburger Klassen lösten alle Kinder diese Aufgabe richtig.

Im Test zu Beginn des Schuljahres hatten 54,2% der Kinder diese Aufgabe richtig gelöst; hier schwankte der Anteil richtiger Lösungen in den einzelnen Klassen zwischen 18% und 100%, wobei in einer Brandenburger Klasse alle Kinder diese Aufgabe richtig lösten.

Auswertung der 7. Testaufgabe (Addition 3+4; alte Aufgabe13)

Berlin:

Anzahl der Schüler:	206	
Aufgabe richtig gelöst:	192	93,2%
		Ju: 92%;Mä: 94,3%
Aufgabe falsch gelöst:	10	4,9%
Aufgabe nicht gelöst:	4	1,9%

Brandenburg:

Anzahl der Schüler:	194	
Aufgabe richtig gelöst:	174	89,7%
		Ju: 87% ; Mä: 92,6%
Aufgabe falsch gelöst:	18	9,3%
Aufgabe nicht gelöst:	2	1,0%

NRW :

Anzahl der Schüler:	377	
Aufgabe richtig gelöst:	343	91,0%
		Ju: 92%; Mä: 90%
Aufgabe falsch gelöst:	28	7,4%
Aufgabe nicht gelöst:	6	1,6%

23

<u>Bemerkungen:</u>
In NRW schrieben 260 Kinder (69%) die Ziffer 7 und 83 Kinder (22,02%) notierten auch eine passende Aufgabe.

Insgesamt:

Anzahl der Schüler:	777	
Aufgabe richtig gelöst:	709	91,2%
		Ju: 90,4%; Mä: 92,1%
Aufgabe falsch gelöst:	56	7,2%
Aufgabe nicht gelöst:	12	1,5%

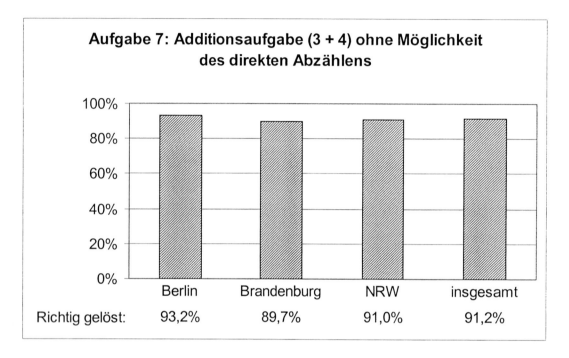

Aufgabe 7: Additionsaufgabe (3 + 4) ohne Möglichkeit des direkten Abzählens

	Berlin	Brandenburg	NRW	insgesamt
Richtig gelöst:	93,2%	89,7%	91,0%	91,2%

Der Anteil richtiger Lösungen in den einzelnen Klassen schwankte zwischen 60,9% und 100%; in 11 Klassen lösten alle Kinder diese Aufgabe richtig.
Zu Beginn des Schuljahres hatten 54,2% der Kinder diese Aufgabe richtig gelöst; dabei schwankte der Anteil richtiger Lösungen in den einzelnen Klassen zwischen 24% und 88%.

Auswertung der 8. Testaufgabe (Subtraktion 10 - 6; alte Aufgabe 14)

Berlin:

Anzahl der Schüler:	206	
Aufgabe richtig gelöst:	180	87,3%
		Ju:87%;Mä:87,7%
Aufgabe falsch gelöst:	24	11,7%
Aufgabe nicht gelöst:	2	1%

Brandenburg:

Anzahl der Schüler:	194	
Aufgabe richtig gelöst:	174	89,7%
		Ju: 93% ; Mä: 89,4%
Aufgabe falsch gelöst:	18	9,3%
Aufgabe nicht gelöst:	2	1,0%

NRW

Anzahl der Schüler:	377	
Aufgabe richtig gelöst:	351	93,1%
		Ju: 91%; Mä: 95%
Aufgabe falsch gelöst:	24	6,4%
Aufgabe nicht gelöst:	2	0,5%

<u>Bemerkungen:</u>

In NRW schrieben 252 Kinder (66,8%) die Ziffer 4 und 99 Kinder (26,3%) notierten auch eine passende Aufgabe.

Insgesamt:

Anzahl der Schüler:	777	
Aufgabe richtig gelöst:	705	90,7%
		Ju: 90,4%; Mä: 91,9%
Aufgabe falsch gelöst:	66	8,5%
Aufgabe nicht gelöst:	6	0,8%

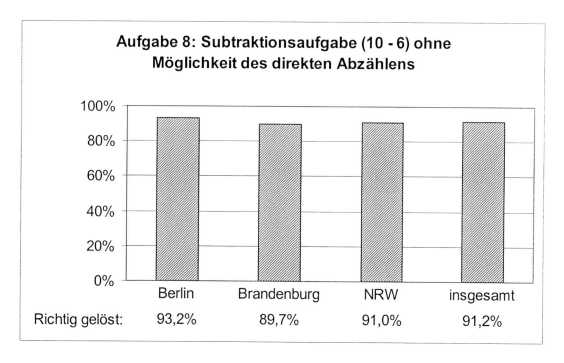

Aufgabe 8: Subtraktionsaufgabe (10 - 6) ohne Möglichkeit des direkten Abzählens

	Berlin	Brandenburg	NRW	insgesamt
Richtig gelöst:	93,2%	89,7%	91,0%	91,2%

Der Anteil richtiger Lösungen in den einzelnen Klassen schwankte zwischen 73% und 100%; wobei in 11 Klassen alle Kinder diese Aufgabe richtig lösten.

Zu Beginn des Schuljahres hatten 41,8% der Kinder diese Aufgabe richtig gelöst; wobei die Schwankungen im Anteil richtiger Lösungen in den einzelnen Klassen zwischen 0% und 81% lagen.

Auswertung der 9. Testaufgabe (Raumvorstellung; Anzahl von Würfeln vergleichen; alte Aufgabe 15)

Berlin:

Anzahl der Schüler:	206	
Aufgabe richtig gelöst:	37	18,0%
		Ju: 23,0%;Mä: 13,2%
Aufgabe falsch gelöst:	166	80,6%
Aufgabe nicht gelöst:	3	1,5%

Brandenburg:

Anzahl der Schüler:	194	
Aufgabe richtig gelöst:	70	36,1%
		Ju: 38%; Mä: 34%
Aufgabe falsch gelöst:	121	62,3%
Aufgabe nicht gelöst:	3	1,6%

NRW

Anzahl der Schüler:	377	
Aufgabe richtig gelöst:	73	19,4%
		Ju: 23,0%; Mä: 16,0%
Aufgabe falsch gelöst:	299	79,3%
Aufgabe nicht gelöst:	5	1,3%

Insgesamt:

Anzahl der Schüler:	777	
Aufgabe richtig gelöst:	180	23,2%
		Ju: 27,1%; Mä: 19,3%
Aufgabe falsch gelöst:	586	75,4%
Aufgabe nicht gelöst:	11	1,4%

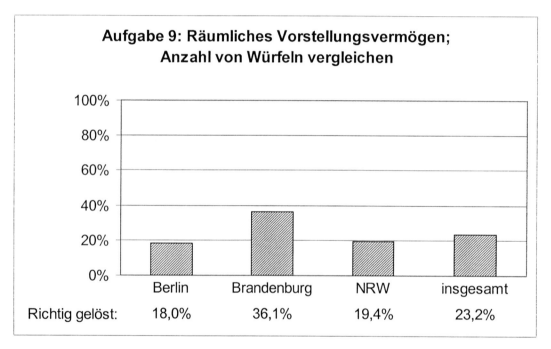

Aufgabe 9: Räumliches Vorstellungsvermögen; Anzahl von Würfeln vergleichen

Richtig gelöst:	Berlin	Brandenburg	NRW	insgesamt
	18,0%	36,1%	19,4%	23,2%

Der Anteil richtiger Lösungen in den einzelnen Klassen schwankte zwischen 0% und 88%, wobei in 4 Klassen kein Kind diese Aufgabe richtig löste.

Zu Beginn des Schuljahres hatten 25,1% der beteiligten Kinder diese Aufgabe richtig gelöst; wobei der Anteil richtiger Lösungen in den einzelnen Klassen zwischen 0% und 69% lag. In einer Klasse aus NRW konnte kein Kind diese Aufgabe lösen.

Auswertung der 10. Testaufgabe (bewegliche Raumvorstellung; alte Aufgabe 16)

Berlin:

Anzahl der Schüler:	206	
Aufgabe richtig gelöst:	87	42,2%
		Ju: 48,0%;Mä: 36,8%
Aufgabe falsch gelöst:	113	54,9%
Aufgabe nicht gelöst:	6	2,9%

Brandenburg:

Anzahl der Schüler:	194	
Aufgabe richtig gelöst:	111	57,2%
		Ju: 58%; Mä: 56,4
Aufgabe falsch gelöst:	82	42,3%
Aufgabe nicht gelöst:	1	0,5%

NRW

Anzahl der Schüler:	377	
Aufgabe richtig gelöst:	160	42,4%
		Ju: 45%; Mä: 41%
Aufgabe falsch gelöst:	208	55,2%
Aufgabe nicht gelöst:	9	2,4%

Insgesamt:

Anzahl der Schüler:	777	
Aufgabe richtig gelöst:	358	46,1%
		Ju: 49,2%; Mä: 43%
Aufgabe falsch gelöst:	403	51,9%
Aufgabe nicht gelöst:	16	2%

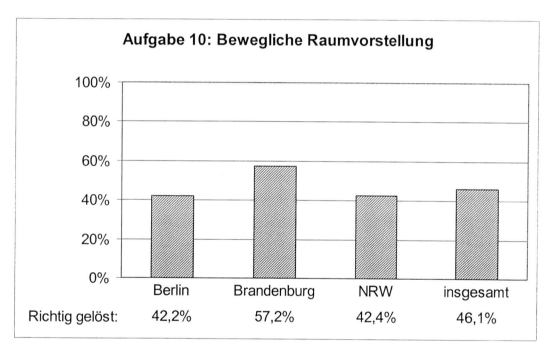

Der Anteil richtiger Lösungen in den einzelnen Klassen schwankte zwischen 13% und 94%. Zu Beginn des Schuljahres hatten 22,4% der beteiligten Kinder diese Aufgabe richtig gelöst; wobei der Anteil richtiger Lösungen in den einzelnen Klassen zwischen 0% und 50% lag und in einer Klasse aus NRW kein Kind diese Aufgabe bewältigte.

Auswertung der 11. Testaufgabe (Halbieren; alte Aufgabe 18)
Berlin:

Anzahl der Schüler:	206	
Aufgabe richtig gelöst:	178	86,4%
		Ju: 91%;Mä: 82,1%
Aufgabe falsch gelöst:	27	13,1%
Aufgabe nicht gelöst:	1	0,5%

Brandenburg:

Anzahl der Schüler:	194	
Aufgabe richtig gelöst:	186	95,9%
		Ju: 94%; Mä: 97,9%
Aufgabe falsch gelöst:	8	4,1%
Aufgabe nicht gelöst:	0	0%

NRW

Anzahl der Schüler:	377	
Aufgabe richtig gelöst:	332	88%
		Ju: 88%; Mä :88%
Aufgabe falsch gelöst:	43	11,4%
Aufgabe nicht gelöst:	2	0,5%

Insgesamt:

Anzahl der Schüler:	777	
Aufgabe richtig gelöst:	696	89,6%
		Ju: 90,9%; Mä: 88,4%
Aufgabe falsch gelöst:	78	10%
Aufgabe nicht gelöst:	3	0,4%

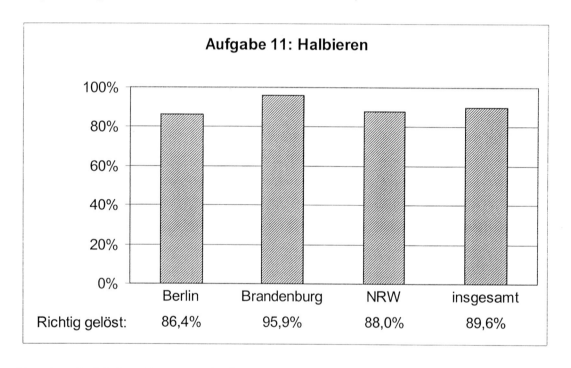

Der Anteil richtiger Lösungen in den einzelnen Klassen schwankte zwischen 65,2% und 100%. In 11 Klassen lösten alle Kinder diese Aufgabe richtig.
Zu Beginn des Schuljahres hatten 66,5% der beteiligten Kinder diese Aufgabe richtig gelöst. Die Schwankungen im Anteil richtiger Lösungen in den einzelnen Klassen lagen zwischen 26% und 100%. In einer Brandenburger Klasse bewältigten alle Kinder diese Aufgabe.

Auswertung der 12. Testaufgabe (Verdoppeln, alte Aufgabe 19)

Berlin:

Anzahl der Schüler:	206	
Aufgabe richtig gelöst:	126	61,2%
		Ju: 64%;Mä: 58,5%
Aufgabe falsch gelöst:	77	37,4%
Aufgabe nicht gelöst:	3	1,5%

Brandenburg:

Anzahl der Schüler:	194	
Aufgabe richtig gelöst:	162	83,5%
		Ju: 86%; Mä: 80,9%
Aufgabe falsch gelöst:	32	16,5%
Aufgabe nicht gelöst:	0	0%

NRW

Anzahl der Schüler:	377	
Aufgabe richtig gelöst:	275	72,9%
		Ju: 79%; Mä: 67%
Aufgabe falsch gelöst:	95	25,2%
Aufgabe nicht gelöst:	7	1,9%

Insgesamt:

Anzahl der Schüler:	777	
Aufgabe richtig gelöst:	563	72,5%
		Ju: 77,1%; Mä: 67,9%
Aufgabe falsch gelöst:	204	26,3%
Aufgabe nicht gelöst:	10	1,3%

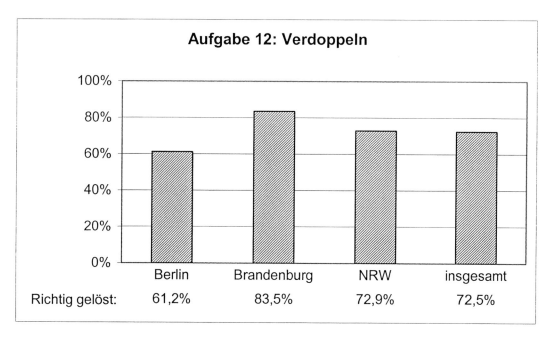

Die Schwankungen im Anteil richtiger Lösungen lagen in den einzelnen Klassen zwischen 33% und 100%; wobei in 6 Klassen alle Kinder diese Aufgabe richtig lösten.
Zu Beginn des Schuljahres hatten 33,3% der Kinder diese Aufgabe richtig gelöst. Der Anteil richtiger Lösungen in den einzelnen Klassen schwankte zwischen 0% und 78%. In 2 Klassen löste kein Kind diese Aufgabe richtig.

Auswertung der 13. Testaufgabe (Anzahl schätzen; alte Aufgabe 17)

Berlin:

Anzahl der Schüler:	206	
Aufgabe richtig gelöst:	70	34%
		Ju:37%;Mä:31,1%
Aufgabe falsch gelöst:	135	65,5%
Aufgabe nicht gelöst:	1	0,5%

Brandenburg:

Anzahl der Schüler:	194	
Aufgabe richtig gelöst:	105	54,1%
		Ju: 66%; Mä: 41,5%
Aufgabe falsch gelöst:	81	41,8%
Aufgabe nicht gelöst:	8	4,1%

NRW

Anzahl der Schüler:	377	
Aufgabe richtig gelöst:	207	54,91%
		Ju: 56%; Mä: 53%
Aufgabe falsch gelöst:	163	43,2%
Aufgabe nicht gelöst:	7	1,9 %

Insgesamt:

Anzahl der Schüler:	777	
Aufgabe richtig gelöst:	382	49,2%
		Ju:53,7%; Mä:45,3%
Aufgabe falsch gelöst:	379	48,8%
Aufgabe nicht gelöst:	16	2,1%

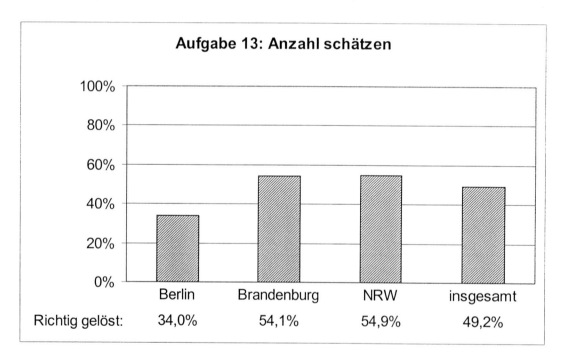

Aufgabe 13: Anzahl schätzen

Richtig gelöst:	Berlin	Brandenburg	NRW	insgesamt
	34,0%	54,1%	54,9%	49,2%

Der Anteil richtiger Lösungen in den einzelnen Klassen schwankte zwischen 13% und 90,5%. Zu Beginn des Schuljahres hatten 30,6% der Kinder diese Aufgabe richtig gelöst; wobei der Anteil richtiger Lösungen in den einzelnen Klassen zwischen 0% und 81% schwankte und in einer Berliner Klasse kein Kind diese Aufgabe bewältigte.

Auswertung der 14. Testaufgabe (Rotkäppchen; alte Aufgabe 20)

Bei der berechneten Zahl handelt es sich im Folgenden um die Zahl 7, bei der nachträglich korrigierten Zahl um die 70. (Das Anhängen der Null an die vorher berechnete 7 ist hier häufig zu erkennen.)

Berlin:

Anzahl der Schüler: 206

geratene große/kleine Zahl	57	27,7%
berechnete Zahl	110	53,4%
berechnete Zahl, nachträglich korrigiert	21	10,2%
nichts	18	8,7%

Brandenburg:

Anzahl der Schüler: 194

geratene große/kleine Zahl	56	28,7%
berechnete Zahl	95	49%
berechnete Zahl, nachträglich korrigiert	38	19,6%
nichts	5	2,6%

NRW

Anzahl der Schüler: 377

geratene große/kleine Zahl	117	31,0%
berechnete Zahl	111	29,4%
berechnete Zahl, nachträglich korrigiert	88	23,3%
nichts	61	16,8%

Insgesamt:

Anzahl der Schüler: 777

geratene große/kleine Zahl	230	29,6%
berechnete Zahl	316	40,7%
berechnete Zahl, nachträglich korrigiert	147	18,9%
nichts	84	10,8%

Auch wenn bei einzelnen Aufgaben z. T. recht hohe Durchschnittswerte bei den richtigen Ergebnissen erreicht wurden, muss man bei diesen Ergebnissen die bei der Auswertung der einzelnen Aufgaben angegebenen Schwankungen beachten. So gibt es bei der Aufgabe 7 - 5, die insgesamt 91% der beteiligten Kinder richtig gelöst haben, eben auch Klassen, in denen das nur 59% (also etwas mehr als die Hälfte der Kinder) konnten, was sicher kein gutes Ergebnis für den Unterricht am Ende der Klasse 1 ist. Auch bei der Aufgabe 3 + 4 findet man Klassen, in denen nur 61% der Kinder diese Aufgabe am Ende der Klasse 1 lösen können.

Bei den Aufgaben, bei denen insgesamt ein recht schwaches Ergebnis erreicht wurde, findet man Klassen, in denen gute Ergebnisse erreicht wurden. So gibt es Klassen, in denen bei der Aufgabe 13 (Schätzen) über 90% der Kinder richtige Lösungen ermittelten (im Durchschnitt waren dies 49%) oder bei der insgesamt sehr schlecht ausgefallenen Aufgabe 9 (Würfelbauten) gibt es auch Klassen, in denen 88% der Kinder diese Aufgabe richtig lösten. Dies macht deutlich, wie heterogen die Leistungen sind und wie wichtig es deshalb ist, immer wieder Standorte der Kinder zu bestimmen. Es gibt eben nicht die Durchschnittsklasse und den Durchschnittsschüler.

Am Ende der Klasse 1 haben von den 777 beteiligten Kindern 26 (3,3%) alle Aufgaben richtig gelöst, wobei wir die Aufgabe 14 (Kapitänsaufgabe) nicht berücksichtigt haben.

Nachdem die Ergebnisse des zweiten Tests vorlagen, haben wir eine Faktorenanalyse (Hauptkomponentenanalyse mit Varimax-Rotation) durchgeführt, um die Aufgaben zusammenzufassen und allgemeinere Aussagen zu erhalten. Dabei konnten fünf Faktoren identifiziert werden. Die einzelnen Faktoren bestehen aus folgenden Aufgaben:

- Der erste Faktor besteht aus den Teilaufgaben der Aufgabe 5 (Anordnung von Kreuz, Punkt und Strich) und lässt sich mit dem Begriff **Orientierung** in der Ebene umschreiben.

- Der zweite Faktor umfasst alle Aufgaben zum Addieren und Subtrahieren, mit und ohne Möglichkeit des Abzählens, er wird von uns mit dem Begriff **Rechnen** beschrieben.

- Der dritte Faktor wird von den Teilaufgaben der Aufgabe 2 (Zuordnung Ziffer-Punktbild) gebildet und von uns mit **Zahlenbild** bezeichnet.

- Der vierte Faktor umfasst die Aufgaben 10, 11 und 12 (Bus, Halbieren, Verdoppeln). Wir bezeichnen ihn mit **räumlichem Operieren**, da unserer Meinung nach die Gemeinsamkeit der drei Aufgaben darin besteht, dass mit wahrgenommenen Objekten ikonisch oder mental (bei dem Bus) zu operieren ist. Dieser Faktor hat z.T. auch arithmetische Aspekte, da eine Vielzahl von Kindern arithmetische Operationen nutzten, um die Hälfte von 4 (Kästchen) und das Doppelte von 4 (Kästchen) zu bestimmen und ihr Ergebnis der Aufgabenstellung entsprechend dann wieder geometrisch darstellten.

- Der fünfte Faktor wird aus den Aufgaben 6, 9 und 13 (Dreiecke erkennen, Würfelbauten, Schätzen) gebildet und wird von uns mit **Wahrnehmung** umschrieben, da unserer Meinung nach Aspekte der (visuellen) Wahrnehmung das verbindende Element dieser drei Aufgaben sind.

Bei diesen Faktoren werden die Aufgaben 1 (Rückwärtszählen) und 14 (Rotkäppchen) nicht erfasst. Die Aufgabe 14 wurde in die Auswertung „falsch – richtig" gar nicht erst einbezogen und die Aufgabe 1 lädt z.B. gleichermaßen schlecht auf den Faktor 2 ($r = 0,41$) und den Faktor 4 ($r = -0,42$).

Auf diese Faktoren werden wir im weiteren (Vergleich Jungen Mädchen, Untersuchung des Leistungszuwachses; Zusammenhänge zwischen Leistungen und Lehrerauffassungen) wieder zurückkommen.

Bevor wir uns dem Vergleich dieser Ergebnisse mit denen des ersten Tests zu Beginn der Klasse 1 zuwenden, geben wir die Ergebnisse in einer Übersicht an.

Durchschnittswerte und Streuungen der einzelnen Aufgaben im Überblick

Bei den Zahlen handelt es sich um Prozentangaben, wenn 100% bzw. 0% richtige Lösungen auftraten, wird auch angegeben in wie vielen Klassen alle Kinder bzw. kein Kind die entsprechende Aufgabe richtig lösten.

Zur Erinnerung: Insgesamt waren 37 Klassen beteiligt (17 in NRW, und je 10 in Berlin und Brandenburg).

Auf-gabe	Berlin	Brandenburg	NRW	Gesamt
1	93,7 (82- 100/4x)	88,2 (61,5-100/5x)	91,5 (65,2-100/5x)	91,2 (61,5-100/14x)
2.1	96,6 (85-100/4x)	98,5 (92,3-100/8x)	95,2 (80-100/6x)	96,4 (80-100/18x)
2.2	96,1 (80-100/7x)	94,3 (61,6-100/4x)	95 (94,4 – 100/3x)	95,1 (61,6-100/14x)
3	90,3 (59-100/3x)	93,8 (76,5-100/3x)	90,2 (78,3 –100/3x)	91 (59-100/9x)
4	86,4 (64-100/2x)	88,2 (71 – 100/2x)	85,9 (65 -100/1x)	86,6 (64-100/5x)
5.1	96,6 (86-100/5x)	95,4 (82,4-100/5x)	95,5 (69,2-100/12x)	95,8 (69,2-100/22x)
5.2	91,7 (74-100/2x)	94,9 (81,3-100/5x)	88,3 (56,5-100/6x)	90,8 (56,5-100/13x)
5.3	88,3 (67 - 96)	89,2 (59,1-100/2x)	76,7 (43,5-95,7)	82,9 (43,5-100/2x)
6	76,2 (62 –91)	88,2 (75-100/3x)	78,3 (47,8 – 94,7)	80,2 (47,8-100/3x)
7	93,2 (80-100/2x)	89,7 (75-100/4x)	90,8 (60,9 -100/6x)	90,7 (60,9-100/12x)
8	87,3 (73-100/1x)	91,2 (75 – 100/4x)	93,1 (73,1– 100/7x)	91,1 (73-100/12x)
9	18 (0/1x –41)	36,1 (5 – 88)	19,4 (0/3x – 84,2)	23,2 (0/4x –88)
10	42,2 (18-61)	57,2 (16,7 – 94)	42,4 (13 – 73,7)	46,1 (13-94)
11	86,4 (71 –100/3x)	95,9 (84,6–100/6x)	88 (65,2– 100/3x)	89,6 (65,2-100/12x)
12	61,2 (33-100/2x)	83,5 (68,8-100/3x)	72,9 (42,3 –100/2x)	72,5 (33-100/7x)
13	34 (9-62)	54,1 (37,5 – 75)	54,9 (13 – 90,5)	49,2 (9 –90,5)

Wir haben oben die Anzahl der Klassen notiert, die in den einzelnen Bundesländern beteiligt waren, um darauf aufmerksam zu machen, dass es ein großer Unterschied ist, ob in Branden-burg in 5 Klassen (die Hälfte der beteiligten Klassen) alle Kinder eine Aufgabe richtig gelöst haben oder ob in NRW in 5 Klassen (etwas mehr als ein Viertel der beteiligten Klassen) alle Kinder eine Aufgabe richtig gelöst haben.

Zum Abschluss dieses Abschnitts werden die Ergebnisse für die einzelnen Aufgaben in einer Übersicht veranschaulicht. Legt man diese **Grafik** neben die entsprechende Darstellung der Ergebnisse des Tests zu Beginn der Klasse 1 werden Entwicklungen deutlich, auf die im Fol-genden etwas näher eingegangen werden soll.

Ergebnisse der einzelnen Bundesländer

richtig gelöst

Aufgabe

Berlin
Brandenburg
NRW
Gesamt

3.2 Vergleich der Gesamtergebnisse des Tests am Ende der Klasse 1 mit den Gesamtergebnissen des Tests am Beginn der Klasse 1 für jede Aufgabe

In diesem Abschnitt wollen wir uns zwei Fragen zuwenden. Zum einen wollen wir einen Vergleich der Gesamtergebnisse beider Tests pro Aufgabe anstellen, wobei wir uns natürlich nur auf solche Aufgaben beziehen, die in beiden Tests eingesetzt wurden. Diesen Vergleich werden wir für die gesamte Population und auch für die einzelnen Bundesländer vornehmen.

Dabei werden wir die Zuwächse bei den einzelnen Aufgaben genauer betrachten. Des Weiteren wollen wir auch noch einmal die Streuungen bei der Lösung der einzelnen Aufgaben in beiden Tests detailliert untersuchen.

Nach einem Jahr Unterricht, in dem die Inhalte der Aufgaben, die wir den Kindern zu Beginn der Klasse 1 vorgelegt haben, Unterrichtsgegenstand waren, ist zu erwarten, dass in allen beteiligten Klassen und damit auch in der Gesamtpopulation ein Zuwachs an richtigen Lösungen festzustellen ist.

Schauen wir uns zunächst in einer Übersichtstabelle die Zahlen an.

Alle Angaben in der folgenden Tabelle sind in Prozent. Negative Zuwächse werden durch Fettdruck hervorgehoben.

Aufgabe	gesamt			Streuung		Berlin			Brandenburg			NRW		
	1.Test	2.Test	Zuwachs	1.Test	2.Test	1.Test	2.Test	Zuwachs	1.Test	2.Test	Zuwachs	1.Test	2.Test	Zuwachs
1	59,5	91,2	31,7	10-100	61-100	55,7	93,7	38	68,3	88,2	19,9	57,8	91,5	33,7
2*	59,9	93,6	33,7	20-91	80-100	74,9	94,7	19,2	69,4	93,8	24,4	48,3	92,8	44,5
3	92,8	91	-1,8	67-100	59-100	92,7	90,3	-2,4	96,7	93,8	-2,9	91,6	90,2	-1,4
4	63,7	86,6	22,9	36-95	64-100	62,1	86,4	24,3	62,2	88,2	26	65,1	85,9	20,8
5*	55,5	78	22,5	5-88	41-96	55,7	84	28,3	72,8	84,5	11,7	48,3	71,4	23,1
6	54,2	80,2	26	18-100	48-100	62,6	76,2	13,6	72,8	88,2	15,4	42,2	78,3	36,1
7	54,2	91,2	37	24-88	61-100	59,4	93,2	33,8	52,8	89,7	36,9	52,2	90,8	38,6
8	41,8	90,7	48,9	0-81	73-100	33,3	87,3	54	31,1	91,2	60,1	50,6	93,1	42,5
9	25,1	23,2	-1,9	0-69	0-88	26,5	18	-8,5	33,9	36,1	2,2	20,7	19,4	-1,3
10	22,4	46,1	23,7	0-50	13-94	22,8	42,2	19,4	27,8	57,2	19,4	20	42,4	22,4
11	66,5	89,8	23,3	26-100	65-100	71,2	86,4	15,2	79,4	95,9	16,5	58,7	88	29,3
12	33,3	72,5	39,2	0-78	33-100	32,9	61,2	28,3	35,6	83,5	47,9	32,5	72,9	40,4
13	30,6	49,4	18,8	0-81	13-91	21	34	13	30,0	54,1	24,1	36,2	54,9	18,7

*) Bei den Aufgaben 2 und 5 wurden im 1. Test die Teilaufgaben nicht einzeln ausgewertet, so dass hier nur Gesamtzahlen vorliegen; deshalb haben wir für diese Tabelle auch die oben einzeln ausgewerteten Teilaufgaben zusammengefasst.

Haben die Kinder im Verlaufe der Klasse 1 etwas dazu gelernt?

Es wäre schlimm, wenn diese Frage generell zu verneinen wäre.

Schaut man sich die Zahlen genau an, so sind einige interessante Feststellungen zu treffen.

Es gibt Aufgaben mit sehr großen und solche mit kleinen oder sogar negativen Zuwächsen.

Besonders groß sind die Zuwächse bei folgenden Aufgaben

10 – 6	von	41,8% auf	90,7%
3 + 4	von	54,2% auf	91,2%
Verdoppeln	von	33,3% auf	72,5%

Besonders große Zuwächse sind also – erwartungsgemäß – bei den Aufgaben festzustellen, die wesentliche Inhalte der Kasse 1 erfassen, zu denen also sicher in Klasse 1 viel geübt wurde.

Wenig Zuwachs ist dann festzustellen, wenn der Anteil richtiger Lösungen bereits zu Beginn der Klasse 1 sehr hoch war (Deckeleffekt) oder wenn es um Aufgaben geht, die im Unterricht der Klasse 1 eine geringe oder gar keine Rolle spielen (Raumgeometrie).

Hier ergeben sich Fragen an den Unterricht z.B., ob nicht Potenzen der Kinder, Entwicklungsmöglichkeiten durch ein unzureichendes Lernangebot verschenkt werden.

Diese **negativen bzw.** kleinen Zuwächse beziehen sich auf folgende Aufgaben:

Würfelbauten	von	25,1%	auf	23,2% gesunken
7 – 5	von	92,8%	auf	91% gesunken
Schätzen	von	30,6%	auf	49,4% gestiegen

Aber auch bei den Aufgaben 4 (8+6), 6 (Dreiecke erkennen), 10 (Bus) und 11 (Halbieren) liegen die Zuwächse jeweils nur etwas über 20%. Hier wären durchaus größere Zuwächse möglich. Sie sind von uns auch erwartet worden.

Es muss noch einmal darauf hingewiesen werden, dass es sich um Durchschnittswerte handelt. De Ergebnisse für einzelne Klassen können durchaus anders aussehen.

Es gibt Klassen, die bei der Aufgabe 9 (Würfelbauten), bei der insgesamt ein negativer Zuwachs zu verzeichnen ist, einen Leistungszuwachs erreicht haben. Einige Beispiele: Steigerungen von 0% auf 29%; von 14% auf 50%; von 48% auf 84% und von 14% auf 41% richtiger Lösungen sind in einzelnen Klassen festzustellen. Dagegen gibt es dann auch Klassen, bei denen der Abfall im Anteil richtiger Lösungen deutlicher als insgesamt ausfällt. Auch dazu Beispiele: Ein Abfall von 27% auf 0%, von 50% auf 5% und von 60% auf 11% richtiger Lösungen ist in einzelnen Klassen festzustellen. Hier werden die immer wieder festzustellenden großen Unterschiede deutlich.

Schauen wir uns auf der anderen Seite die Aufgabe 8 (10-6) an, bei der der Zuwachs mit fast 49% am größten war. Auch hier gibt es Klassen, bei denen der Zuwachs noch deutlich über diesem hohen Wert liegt. Als Beispiele können angegeben werden: ein Zuwachs richtiger Lösungen in einzelnen Klassen von 7% auf 73%, von 18% auf 96%, von 27% auf 100% und von 19% auf 100%.

Demgegenüber gibt es Klassen, bei denen der Zuwachs deutlich unter dem Durchschnittswert liegt. Als Beispiele seien genannt: ein Anstieg der richtigen Lösungen von 76% auf 81%, von 70% auf 91%, von 74% auf 100% und von 81% auf 100%. Bei diesen Beispielen wird der Deckeleffekt ganz deutlich: Wenn zu Beginn der Klasse 1 schon ein großer Anteil richtiger Lösungen festzustellen ist, sind die Möglichkeiten der Steigerung deutlich geringer, als wenn zu Beginn nur ein geringer Anteil richtiger Lösungen vorhanden war.

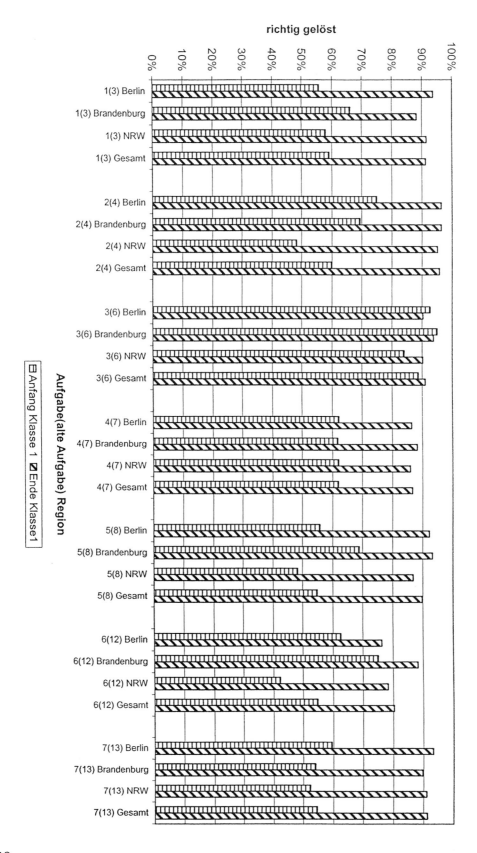

Vergleich Anfang und Ende Klasse1, Teil 1

richtig gelöst

Aufgabe(alte Aufgabe) Region

☐ Anfang Klasse 1   ◨ Ende Klasse1

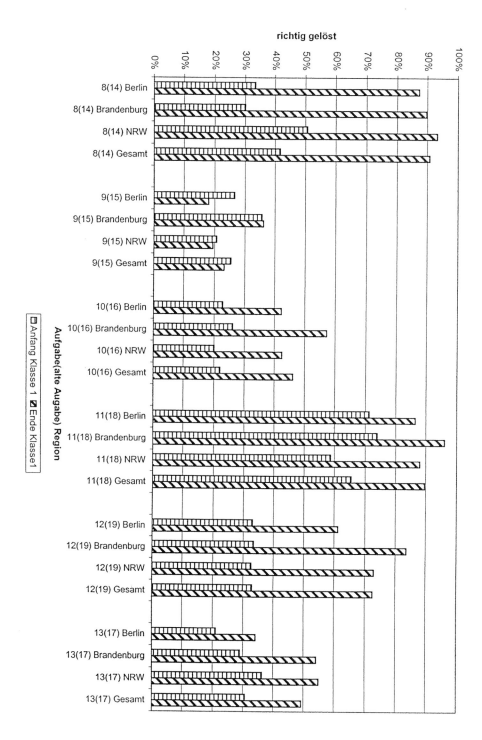

Schaut man sich in der obigen Tabelle die Zuwächse richtiger Lösungen in den einzelnen Bundesländern an, so sind auch hier große Unterschiede zu erkennen (vgl. z.B. Aufgaben 6, 8 und 10), die wiederum mit den unterschiedlichen Ausgangslagen zu Beginn der Klasse 1 zu tun haben, wie wir im Abschnitt 5.1 noch näher erläutern werden.

Zum Abschluss dieses Punktes wollen wir noch einen Blick auf die Streuungen in den Leistungen im ersten und im zweiten Test werfen. Da insgesamt mit einem Zuwachs richtiger Lösungen zu rechnen ist, ist auch damit zu rechnen, dass die Unterschiede zwischen den einzelnen Klassen geringer werden. Das trifft auch auf fast alle der von uns gestellten Aufgaben zu. Lediglich bei den Aufgaben 3, 9 und 10 sind die Schwankungen im Anteil richtiger Lösungen größer geworden. Bei den ersten beiden Aufgaben handelt es sich gleichzeitig um solche Aufgaben, bei denen der Anteil richtiger Lösungen im zweiten Test unter dem Anteil richtiger Lösungen im ersten Test liegt.

Wir werden im nächsten Abschnitt, in dem wir Lösungswege der Kinder vorstellen, noch einmal näher auf diese beiden Aufgaben eingehen.

4 Lösungsstrategien und typische Fehllösungen bei einzelnen Aufgaben

In diesem Anschnitt wollen wir die einzelnen Aufgaben unter dem Blickwinkel betrachten, wie die Aufgaben gelöst wurden, welche (typischen) Fehler gemacht wurden und welche Rückschlüsse evtl. auf Verständnis und Wissen der Kinder gezogen werden können.

Bei dieser Betrachtung werden wir uns an den einzelnen identifizierten Faktoren orientieren und auf die beiden keinem Faktor zuzuweisenden Aufgaben am Schluss eingehen.

4.1 Lösungsstrategien, Beispiellösungen und typische Fehler bei den Aufgaben, die zum Faktor „Orientierung" gehören

Zu diesem Faktor gehören nur die Teilaufgaben der Aufgabe 5

In das vorgegebene Quadrat sollten in das mittlere Kästchen ein Kreuz, in das Kästchen genau darüber ein Punkt und unten links ein Strich gezeichnet werden.

K 1	K 2	K 3
K 4	K 5	K 6
K 7	K 8	K 9

Über Lösungswege der Kinder bei dieser Aufgabe kann nichts ausgesagt werden. Es kann lediglich aus den falschen Lösungen auf Fehlvorstellungen bzw. fehlerhaftem Verstehen der Aufgabenstellung geschlossen werden.

Das Kreuz haben fast alle Kinder an der richtigen Stelle gesetzt (96%). In 22 der 37 Klassen haben alle Kinder diese Aufgabe richtig gelöst.

Der häufigste Fehler ist, dass das Kreuz im Kästchen K 2 gemacht wird (ca. 2% der Kinder); zwar auch in die Mitte, aber in die Mitte der oberen Kästchenreihe. Das zeugt u. E. davon, dass die Kinder den Begriff „Mitte" zwar erfasst, aber nicht auf die Gesamtfigur, sondern nur auf die erste Reihe bezogen haben.

Den Punkt tragen noch 91% der Kinder richtig in K 2 ein, wobei in 13 Klassen alle Kinder den Punkt an die richtige Stelle setzten. Als häufigste Fehllösung tritt auf, dass die Kinder den Punkt in K 6 zeichneten (ca. 3%). Es ist also auch eine Nachbarschaftsrelation zu erkennen. Offensichtlich werden aber darüber und daneben verwechselt.

Nicht ganz so gut fällt - erwartungsgemäß - das Ergebnis beim Eintragen des Strichs aus (83%). Nur noch in zwei Brandenburger Klassen lösten alle Kinder diese Teilaufgabe richtig. Mit der Unterscheidung von links und rechts haben auch am Ende der Klasse 1 noch viele Kinder Schwierigkeiten. So ist die häufigste Fehllösung (7%) das Eintragen des Striches in das Kästchen K 7, was die Verwechslung von rechts und links nahe legt. Insgesamt ist der Anteil der Kinder, die in diesem Zusammenhang richtig zwischen rechts und links unterscheiden, u.E. recht hoch.

4.2 Lösungsstrategien, Beispiellösungen und typische Fehler bei den Aufgaben, die zum Faktor „Rechnen" gehören

Hierbei geht es um die Aufgaben 3 (7-5), 4 (8+6), die mit der Aufgabenstellung die Möglichkeit des Abzählens geben, sowie um die Aufgaben 7 (3+4) und 8 (10-6), in denen in der Aufgabenstellung die Möglichkeit des Abzählens nicht gegeben ist.

Zur Erinnerung noch einmal die Zahlen - zunächst für die Aufgaben mit der Möglichkeit des Abzählens:

7-5	Test 1	92,8% (67-100; 18 Klassen)
	Test 2	91% (59-100; 9 Klassen)
8+6	Test 1	63,7% (36-95)
	Test 2	86,6% (64-100; 5 Klassen)

Da bereits zu Beginn der Klasse 1 sehr gute Leitungen festzustellen waren, war die Möglichkeit zu Leistungssteigerung nicht sehr groß. Bei 7-5 sind sogar geringfügig weniger richtige Lösungen festzustellen als zu Beginn der Klasse 1. Interessant in diesem Zusammenhang ist auch, dass die Anzahl der Klassen, in denen alle Kinder diese Aufgabe richtig lösten, abgenommen hat. Gleichzeitig sind die Schwankungen in den Ergebnissen größer geworden. In der Klasse mit dem schlechtesten Ergebnis lösten lediglich 59% der Kinder diese Aufgabe richtig; im ersten Test lag das schlechteste Ergebnis bei 67% richtiger Lösungen.

Interessant ist, wie unterschiedlich die Kinder die Lösung notierten, in dem sie nur das Ergebnis angaben oder zu der Bildgeschichte eine passende Gleichung mit Ergebnis schrieben.

In NRW notierten 58,1% und in BRB 24,8% der Kinder auch eine zur Aufgabe passende Gleichung mit richtigem Ergebnis.

Dies kann sicher unterschiedlich gewertet werden: Es wurde nach der Anzahl der verbleibenden Vögel gefragt und eine Zahl war also das angemessene Ergebnis; die Kinder sahen nicht die Notwendigkeit, eine Gleichung zu schreiben; es kann aber auch sein, dass sie diese Aufgabe in Gleichungsform gar nicht gesehen haben.

Da es ganze Klassen gab, in denen kaum eine Gleichung geschrieben wurde, spiegeln sich in diesen Ergebnissen sicher auch Schwerpunktsetzungen des Unterrichts wider. Auch die anwesende Lehrerin hat in einem Fall die Ergebnisse vielleicht beeinflusst, indem sie die fragend schauenden Kinder darauf hinwies, dass ja eine Aufgabe geschrieben werden kann.

Ein kleines Spektrum von Lösungen, die wir gefunden haben, sieht man im Folgenden:
Zunächst Beispiele für korrekte Lösungen:

Auch in der folgenden Abbildung ist die richtige Lösung enthalten und die Gleichung passt zum Bild (es sind 2+5 Vögel zu sehen), ist aber kein passendes mathematisches Modell zu der verbal gestellten Aufgabe.

Dies ist auch die am häufigsten (ca. 3%) aufgetretene Fehllösung.

In der folgenden Abbildung ist die richtige Lösung (2) enthalten und sogar noch in 1+1 zerlegt worden, denn es bleiben ja ein weißer und ein schwarzer Vogel sitzen.

In den folgenden Beispielen wurden die in der Aufgabenstellung genannten Zahlen mit einander verknüpft, ohne dass eine sinnvolle Gleichung entsteht. Es tritt auch hier die richtige Lösung auf, in der Gleichung finden wir aber ein falsches Rechenzeichen.

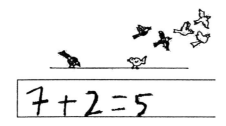

Auch bei den folgenden Beispielen kann angenommen werden, dass die Kinder die richtige Lösung ermittelt haben – die 2 steht immer am Anfang – und dann irgendwelche (sinnvollen oder nicht sinnvollen) Gleichungen aufgeschrieben haben, da die anderen Kinder noch geschrieben oder sie gelernt haben, dass man immer noch eine Gleichung und nicht nur das Ergebnis auf-schreiben muss.

In den nächsten Beispielen wollten die Kinder aber offensichtlich zeigen, was sie alles schon können und haben weitere richtige Gleichungen notiert.

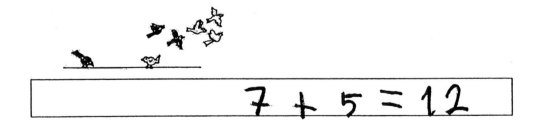

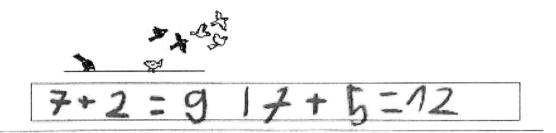

Die Aufgabe 8 + 6 zu lösen war für den Schulanfang sicher eine größere Anforderung, auch wenn die Lösung (aus unserer Sicht) aus der angebotenen Zeichnung entnommen werden konnte. Hier ist ein Zuwachs beim Anteil richtiger Lösungen erwartungsgemäß stärker.

Zu Beginn der Klasse 1 notierten bei dieser Aufgabe „nur" 40% der Kinder ihr Ergebnis in Ziffernform[4].

Bei dieser Aufgabe sind die Schwankungen in den Lösungen im Vergleich zum ersten Test geringer geworden und es gibt jetzt auch Klassen (5), in denen alle Kinder diese Aufgabe richtig gelöst haben. Allerdings ist auch hier festzustellen, dass 64% richtiger Lösungen („schlechteste" Klasse) bei dieser Aufgabe am Ende der Klasse 1 sicher kein befriedigendes Ergebnis ist.

Am Ende der Klasse 1 hatten wir nur die schriftlichen Dokumente, aus denen man die Lösungswege nicht im einzelnen erkennen konnte, und die Kinder hatten offensichtlich nicht mehr – wie es beim Test zu Beginn der Klasse 1 war - das Bedürfnis, uns zu sagen, wie sie gerechnet haben.

Typische Lösungen:

In NRW notierten 54%, in Brandenburg 22% der Kinder zu der Aufgabe auch eine Gleichung wie im obigen Beispiel.

---

[4] Zu beobachteten Lösungsstrategien im 1. Test vgl. Teil 1 dieser Veröffentlichung: Potsdamer Studien zur Grundschulforschung 30 (2002))

32% bzw. 66% der Kinder dieser Länder notierten nur das Ergebnis wie im folgenden Beispiel.

An manchen Stellen wird aber auch hier deutlich, dass die Kinder über die von uns gestellten Aufgaben hinaus zeigen wollten, was sie können – auch dazu zwei Beispiele:

Als häufigste Fehllösungen bei dieser Aufgabe treten auf: 8; 15 und 13 - die letzten beiden Ergebnisse sind typische Zählfehler, während bei der ersten Zahl eine der in der Aufgabenstellung genannten Zahlen wiederholt wird.

Nun zu den Aufgaben **7 und 8,** die nicht die Möglichkeit des Abzählens boten:

3 + 4	1. Test	54,2 % (24 – 88)
	2. Test	91,2 % (61 – 100; 3 Klassen)
10 – 6	1. Test	41,8% (0 – 88; 1 Klassen)
	2. Test	91,1% (73 – 100; 12 Klassen)

Diese Aufgaben, bei denen die Abbildungen nicht die Möglichkeit bieten, die Lösungen zählend zu ermitteln, stellen zu Beginn der Klasse 1 natürlich deutlich höhere Anforderungen als die eben genannten, was sich erwartungsgemäß in den Lösungshäufigkeiten widerspiegelt.[5] Hier ist jeweils ein deutlicher Anstieg richtiger Lösungen festzustellen und auch die Schwankungen in den Leistungen der einzelnen Klassen sind geringer geworden, wobei der Anstieg richtiger Lösungen bei der Subtraktionsaufgabe noch deutlich größer als bei der Additionsaufgabe ist.

Hier wieder einige Beispiele für Lösungen der Kinder:

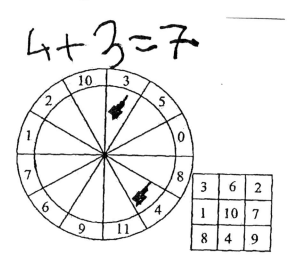

Eine Gleichung, wie in diesem Beispiel gezeigt, notieren deutlich weniger Kinder als bei den beiden erstgenannten Aufgaben. In NRW sind es 22 % der Kinder. Dies ist u. E. auch verständlich, da im Gegensatz zu den ersten beiden Aufgaben hier die Möglichkeit bestand, das Ergebnis anzukreuzen und nicht explizit ein Feld vorgegeben war, in das das Ergebnis einzutragen war.

Meist wird das Ergebnis als Ziffer notiert bzw. in dem vorgegebenen Feld angekreuzt.

---

[5] Zu Lösungsbeispielen vgl. Teil 1 siehe Fußnote 1

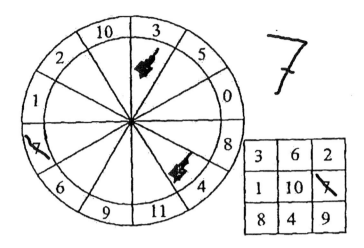

Als typische Fehler bei dieser Aufgabe sind festzustellen:, dass 3 und 4 markiert sind (4%); bzw. die 6 angekreuzt ist (etwas mehr als 1 %). Ursachen könnten im ersten Fall ein mangelndes Aufgabenverständnis und im zweiten Fall ein typischer Zählfehler sein.

Ähnlich sieht das Ergebnis bei der Subtraktionsaufgabe aus. Hier notieren in NRW 26% der Kinder eine Gleichung, wie in der folgenden Abbildung. Für diese Aufgabe trifft auch das bei Aufgabe 7 Gesagte zu: Es ist die Möglichkeit des Ankreuzen gegeben und kein gesondertes Feld zum Notieren des Ergebnisses/der Rechnung vorgegeben.

Auch bei dieser Aufgabe wird meist eine Ziffer angegeben bzw. das Ergebnis angekreuzt.

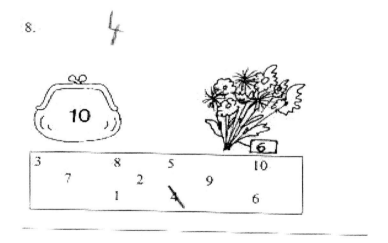

Anhaltspunkte dafür, dass Kindern das Verdoppeln nach wie vor beim Lösen dieser Aufgabe wichtig ist[6], findet man manchmal in festgehaltenen Gleichungen.

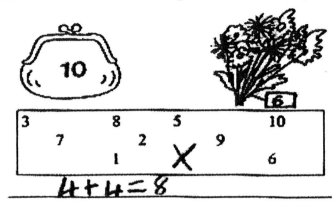

Wir finden wiederum richtige Lösungen und dazu nicht passende Gleichungen, wie z.B. die folgende.

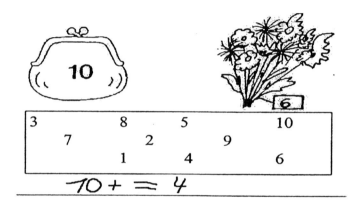

In dieser Abbildung wird eine gewisse Hilflosigkeit des Kindes deutlich: 10 war gegeben, 4 ist das Ergebnis – aber wie soll ich Aufgabe und Ergebnis aufschreiben?

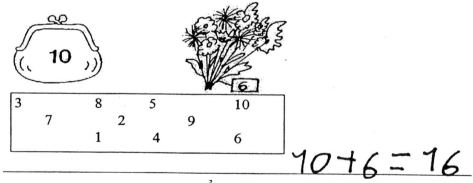

In diesem Beispiel wird zwar eine richtige Gleichung geschrieben, aber sie passt nicht zur gestellten Aufgabe.

---

[6] zu Lösungsstrategien bei den Aufgabenlösungen des 1. Tests vgl. Teil 1

Schaut man sich nur die (Durchschnitts)Ergebnisse an, so kann man feststellen, dass am Ende der Klasse 1 diese Aufgaben, die ja zum (leichteren) Inhalt der Klasse 1 gehören, sicher gelöst werden können, erwartete Ergebnisse des Unterrichts also erreicht sind.

Blickt man aber auf die Schwankungen, so muss man feststellen, dass es Klassen gibt, in denen 40% bzw. 27% der Kinder diese einfachen Aufgaben **nicht** bewältigen, ein Ergebnis, das man sich für seine Klasse sicher nicht wünscht.

Als typischer Fehler bei dieser Aufgabe tritt das Ankreuzen einer der Zahlen 3, 5, 6 bzw. 10 (jeweils ca. 2%) auf. Es ist zu vermuten, dass es sich in den ersten beiden Fällen um Zählfehler handelt. In den letzten beiden Fällen wurde eine der in der Aufgabenstellung genannten Zahlen angekreuzt.

4.3 Lösungsstrategien, Beispiellösungen und typische Fehler bei den Aufgaben, die zum Faktor „ Zahlenbild" gehören

Zu diesem Faktor gehört nur die Aufgabe 2. Bei dieser Aufgabe gab es im ersten Test Verständnisschwierigkeiten, die wir am Ende der Klasse 1 nicht mehr angetroffen haben. Beide Teilaufgaben wurden mit 96% bzw. 95% richtiger Lösungen sehr gut gelöst, was nicht verwunderlich ist, da die Zuordnung Menge (Punktbild) – Ziffer eine Aufgabenstellung ist, die bei der Einführung der Zahlen in Klasse 1 nach wie vor eine wichtige Rolle spielt. Um so erstaunlicher ist es, dass Klassen angetroffen wurden, in denen nur 62% der Kinder diese Aufgabe richtig lösten.

In beiden Teilen ist der häufigste Fehler der, dass die 6 (als Punktbild bzw. als Ziffer) angegeben wird. Da 3, 4, und 5 gegeben sind, wird im Verständnis der Kinder die 6 als nächste Zahl vermisst. Man kann also davon ausgehen, dass hier Probleme in der Auffassung der Aufgabenstellung liegen und aus der Fehllösung nicht geschlossen werden kann, dass die Kinder nicht über die getesteten Fähigkeiten verfügen.

4.4 Lösungsstrategien, Beispiellösungen und typische Fehler bei den Aufgaben, die zum Faktor „ räumliches Operieren" gehören

Zu diesem Faktor gehören die Aufgaben 10 (Bus), 11 (Halbieren) und 12 (Verdoppeln).
Die Aufgabe 10 stellt für eine erste Klasse sehr hohe Anforderungen an das Vorstellungsvermögen. Der Anteil richtiger Lösungen stieg von 22,4% auf 46,1%. Also haben am Ende der Klasse 1 mehr als die Hälfte der Kinder Schwierigkeiten bei der Lösung dieser Aufgabe. Interessant für uns ist, dass für viele Kinder, die diese Aufgabe richtig lösten nicht das Schild sondern z.B. der Blinker das entscheidende Moment für ihre Entscheidung ist.

Betrachten wir die Aufgaben 11 und 12; zunächst die Zahlen:
Halbieren
1. Test 66,5% (26 – 100; 1 Klasse)
2. Test 89,8% (65 – 100; 12 Klassen)

Verdoppeln
Test 33,3% (0-78; 2 Klassen 0%)
Test 72,5% (33 – 100; 7 Klassen)

Bei beiden Aufgaben ist ein deutlicher Zuwachs beim Anteil richtiger Lösungen festzustellen. Der Zuwachs beim Verdoppeln ist deutlich größer. Das ist aus zweierlei Gründen verständlich:

- zum einen war der Anteil richtiger Lösungen am Schuljahresanfang geringer, der Spielraum für Verbesserungen also größer,

zum anderen spielen Aufgaben zum Verdoppeln im arithmetischen Bereich der Klasse 1 eine deutlich größere Rolle als solche zum Halbieren, und sie fallen den Kindern häufig auch leichter.

Insgesamt wurde die Aufgabe zum Halbieren aber sowohl zu Beginn als auch am Ende der Klasse 1 besser bewältigt als die Aufgabe zum Verdoppeln.

Bevor beispielhaft einige der Muster gezeigt werden, sei darauf hingewiesen, dass bereits zu Beginn der Klasse 1 Kinder einen Zusammenhang zwischen dieser „geometrischen" Aufgabenstellung und arithmetischen Aufgaben (die Hälfte von 4 ist 2; 2 mal 4 ist 8) gesehen haben.

Zu Beginn der Klasse 1 fanden sich bei den richtigen Lösungen zum **Halbieren** 12, am Ende der Klasse 1 bereits 18 unterschiedliche Muster an. Dabei werden die beiden rechten Kästchen am häufigsten markiert. Es gibt aber auch Lösungen, wie die unten abgebildeten. Die Kinder, die diese Muster erzeugten, wussten sicher sehr genau, was die Hälfte von dem gegebenen Ganzen ist und wollten ihr Wissen unter Beweis stellen, in dem z.B. von jedem der vier Kästchen die Hälfte angemalt und auf diese Weise die Hälfte der vier Kästchen markiert wurde.

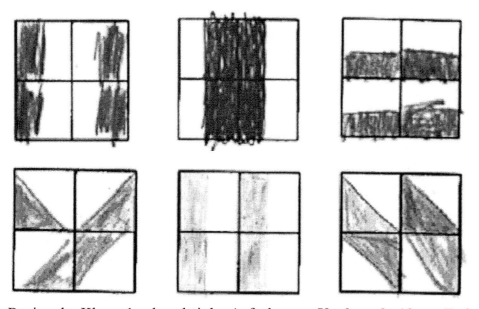

Zu Beginn der Klasse 1 gab es bei der Aufgabe zum **Verdoppeln** 18, am Ende der Klasse 1 bereits 38 unterschiedliche Muster bei den richtigen Lösungen.. Am häufigsten werden Achterblöcke gezeichnet und zwar in der Reihenfolge: obere acht, rechte acht, untere acht, linke acht Kästchen.

Es gibt aber auch Muster, wie die unten gezeigten und weitere symmetrische Muster.

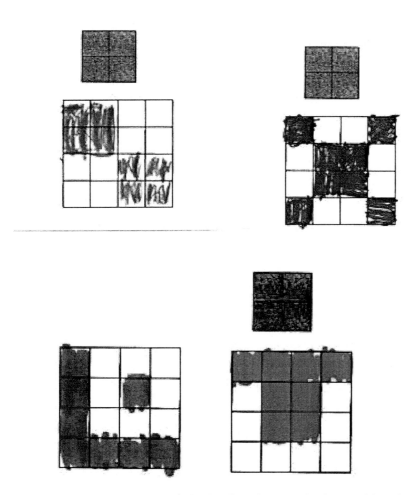

Das folgende Bild ist ein Beispiel für einen typischen Fehler, in dem ein Alltagsverständnis von „Verdoppeln – das Doppelte" zum Ausdruck kommt. Das Kind hat das „Doppel" zu dem von uns vorgegebenen Bild gezeichnet. In NRW trat diese (Fehl)Lösung (meist in der unten angegebenen Lage) insgesamt 55 mal auf, d.h. bei 15% der Kinder aus NRW, die an unseren Untersuchungen beteiligt waren, kommt die oben skizzierte Auffassung von „Verdoppeln – Doppel bestimmen" zum Ausdruck, die im Unterricht zu berücksichtigen und um die „mathematische" Auffassung zu ergänzen ist.

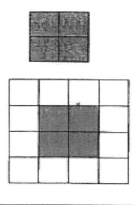

4.5 Lösungsstrategien, Beispiellösungen und typische Fehler bei den Aufgaben, die zum Faktor „Wahrnehmung" gehören

Zu diesem Faktor gehören die Aufgaben 6 (Dreiecke identifizieren), 9 (Würfelbauten) und 13 (Schätzen).

Bei der Aufgabe 6 treten am Ende der Klasse 1 die Sprachschwierigkeiten, die zu Beginn der Klasse 1 zu beobachten waren nicht mehr auf und so steigt der Anteil richtiger Lösungen von 54,2% auf 80,2%. Noch weitere 10% der Kinder markieren 4/6 der Dreiecke, wobei nach wie vor das Vergessen der „Augen" die häufigste Fehlleistung ist.

Zu den Ergebnissen der Aufgabe „Würfelbauten":
Den Kindern wurden Abbildungen zweier Würfelgebäude vorgelegt und gefragt, für welchen Bau mehr Würfel benötigt wurden. Dieser war anzukreuzen.

Bevor das Beispiel dargestellt wird, muss eine Bemerkung zu den Zahlen gemacht werden. Ein Leistungszuwachs ist bei dieser Aufgabe nicht zu verzeichnen, sondern ein geringer Rückgang. Dieser Rückgang wird in einzelnen Klassen viel deutlicher. Es gibt Klassen bei denen sich die Lösungshäufigkeit von 50% auf 5% bzw. von 30% auf 0% „entwickelt" hat (vgl. 3.2).

Bemerkenswert ist auch der Anteil der Kinder, die beide Würfel ankreuzten. Zu Beginn der Klasse 1 waren 26% der Kinder der Meinung, dass beide Türme gleich viele Würfel enthalten; am Ende der Klasse 1 waren das über 70%. Dagegen waren zu Beginn der Klasse 1 noch 30% der Kinder der Meinung, dass der linke (höhere) Turm mehr Würfel enthält, auf diesen visuellen Eindruck verließen sich am Ende der Klasse 1 nur noch ca. 5% der Kinder. Die Kinder haben gelernt, dass alles gezählt werden muss, wie auch an dem Lösungsbeispiel ganz deutlich wird.

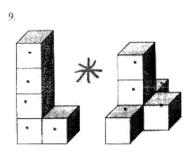

Man sieht gut, dass die sichtbaren Objekte (Würfel) gezählt wurden und - da die ermittelte Anzahl gleich war - ein Stern in die Mitte gemacht wurde.

Das Zählen sichtbarer Objekte spielt im Mathematikunterricht der Grundschule zur Kardinalzahlbestimmung **die** entscheidende Rolle. Geometrie, speziell räumliche Geometrie kommt nur wenig vor. Das sind alles Dinge, die zu diesem Ergebnis beitragen. Noch zu Beginn der Klasse 1 sagten uns (auch in den „Nicht-Interviewklassen) viele Kinder: "Da ist noch ein Würfel, den man nicht sehen kann."

"Zuerst habe ich gedacht gleich viele, aber dann, da muss ja noch einer unten sein.", korrigierte ein Kind eine anfangs falsche Lösung. Werden hier nicht Potenzen brach liegen gelassen, so dass sie im Laufe der Zeit verkümmern und später wieder neu aufgebaut werden müssen?

Zu diesem Faktor gehört schließlich noch die Aufgabe zum Schätzen einer Anzahl. Hier ist zwar auch ein Zuwachs an richtigen Lösungen festzustellen, er fällt aber nicht so groß aus, wie bei anderen Aufgabenstellungen. (von 30,6% richtiger Lösungen auf 49,8%). Das bedeutet: Auch am

Ende der Klasse 1 kann die Hälfte der Kinder nicht richtig einschätzen, wie viele Murmeln in eine Streichholzschachtel gehören, wenn sie die Schachtel mit einer Murmel vor sich haben. Ein Beispiel, in dem auch die Vorgehensweise des entsprechenden Kindes deutlich wird, findet man in der folgenden Abbildung:

Als häufigste „Fehlschätzung" trat 8 (11%) auf, wobei diese Schätzung durchaus noch nachzuvollziehen ist, während Schätzungen wie 3 (fast 5 % der Kinder) bzw. 12 (2%) von nicht gut ausgeprägten Größenvorstellungen zeugen.

Ein Beispiel dafür, dass ein Kind seine ursprüngliche Schätzung verbesserte, findet man in der folgenden Abbildung:

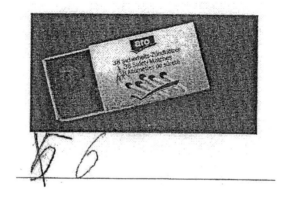

4.6 Lösungsstrategien, Beispiellösungen und typische Fehler bei den Aufgaben „Rückwärtszählen" und „Rotkäppchen"

Rückwärtszählen

Bei der Aufgabe 1 ging es um die Fähigkeit im Rückwärtszählen. Insgesamt ist bei dieser Aufgabe erwartungsgemäß eine deutliche Zunahme der richtigen Lösungen zu verzeichnen. Auch haben deutlich mehr Kinder als im ersten Test die Ziffer(n) nicht nur angekreuzt, sondern auch geschrieben. Dabei wollten die Kinder, wie in den folgenden beiden Beispielen deutlich wird, zeigen, dass sie „richtig Rückwärtszählen können" und nicht nur den Vorgänger von 8 angeben können. Interessant ist auch die Verbindungslinie im zweiten Beispiel, die zeigt, dass dieses Kind bei 10 angefangen hat rückwärts zu zählen. Die 7 als die Lösung der Aufgabe wurde eingekreist und dann noch weiter rückwärts gezählt.

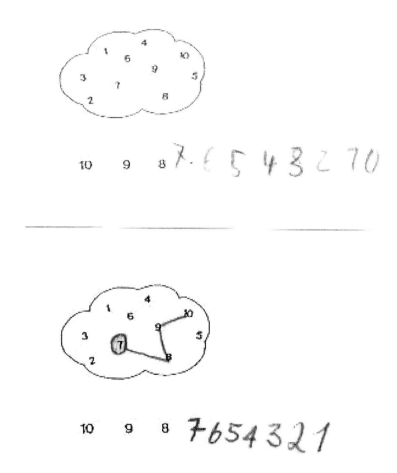

Die Leistungszuwächse bei der Lösung dieser Aufgabe lagen erwartungsgemäß im unteren Leistungsbereich. Schwankte der Anteil richtiger Lösungen zu Beginn des Schuljahres zwischen 10% und 100%, so lag die untere Grenze am Ende des Schuljahres bei 61,5%. In 14 Klassen bewältigten alle Kinder diese Aufgabe richtig, Zu Beginn der Klasse 1 konnten wir dies nur für eine Brandenburger Klasse feststellen.

Als häufigste Fehllösung trat auf, dass alle Zahlen angekreuzt wurden (4,4% der Kinder taten dies). Wir haben das zwar als fehlerhafte Lösung gewertet, da nach der nächstfolgenden Zahl (7) gefragt war und wir nicht nachvollziehen konnten, in welcher Reihenfolge die Kinder die Zahlen angekreuzt haben. Es ist aber davon auszugehen, dass viele der Kinder, die alle Zahlen angekreuzt haben, rückwärts zählen können. Wurden die Ziffern geschrieben, konnten wir erkennen, in welcher Reihenfolge dies geschah (vgl. obige Beispiele).

55

Kapitänsaufgabe

Zur Erinnerung, der Text der Aufgabe:

Rotkäppchen hat für seine Großmutter eingekauft. Sie hat in ihrem Korb 2 Becher Joghurt und 5 Brötchen. Wie alt ist die Großmutter?

Diese Aufgabe wurde zu Beginn der Klasse 1 nur in den beiden Interviewklassen, im 2.Test dann in allen Klassen gestellt. Die Kinder sollten nicht hereingelegt werden. Wir wollten sehen, wie Erstklässler mit einer derartigen Aufgabe umgehen, ob sie „einen Sinn konstruieren" und wie sich der Umgang mit dieser Aufgabe im Verlaufe der Klasse 1 (Interviewklassen) verändert.

Die Entwicklung der Ergebnisse soll hier beispielhaft für eine der Interviewklassen dargestellt werden. Haben zu Beginn des Schuljahres 4 Kinder dieser Klasse die 7 (5+2) als Ergebnis ermittelt, waren es am Ende der Klasse1 bereits 12 Kinder, die 7 als Alter der Großmutter rechnerisch ermittelten.

Zu Beginn der Klasse 1 guckten viele Kinder skeptisch und überlegten, wie alt denn eine Großmutter ist, nur 4 Kinder (und das waren mehr als in der Brandenburger Interviewklasse), lösten diese Aufgabe, gaben 7 als Ergebnis an. Am Ende der Klasse 1 haben dreimal so viele Kinder die 7 als Alter der Großmutter angegeben.

In NRW insgesamt haben 87 (von 377; 23%), in Brandenburg 95 (von 194 Kindern; 49%) und in Berlin 94 (von 206; 45,6%) am Ende der Klasse 1 die Zahl 7 als Alter der Großmutter ausgerechnet. In NRW haben weitere 63 Kinder (17%) und in Berlin 17 (8,3%) die Zahl 70 als Alter der Großmutter angegeben, wobei die errechnete 7 offensichtlich Ausgangspunkt der Altersangabe war, wie in einem der unten zu sehenden Beispiele sichtbar wird. Dass die Kinder sich dabei z.T. eigene Sinnzusammenhänge konstruiert haben, wird in den folgenden Beispielen deutlich:

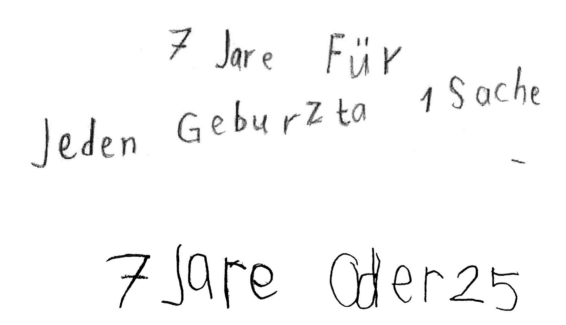

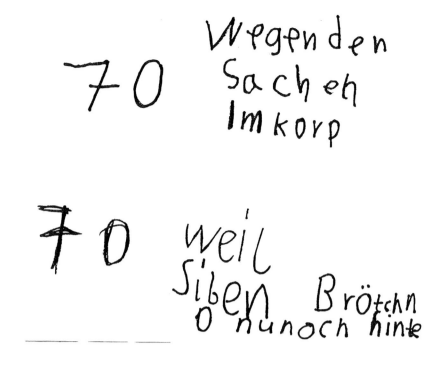

Die nächsthäufigsten Altersangaben waren 100, 50, 88, 99, 80 (sie traten aber deutlich seltener als 70 auf). Die Antworten zeigen, dass diese Kinder durchaus eine Vorstellung von dem Alter einer Großmutter haben.

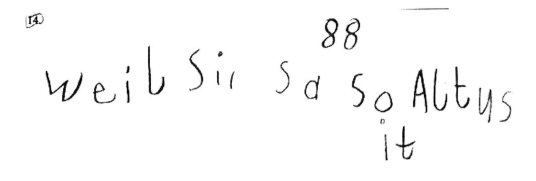

Auffallend sind auch hier wieder die Unterschiede zwischen den Klassen. Es gibt Klassen, in denen viele Kinder 7 als Alter der Großmutter angeben und sehr wenige erkennen, dass diese Aufgabe nicht „ausgerechnet werden kann". Dem gegenüber gab es Klassen, in denen kaum ein Kind 7 als Alter angegeben hat, viele Kinder ein realistisches Alter suchten und manche ein solches notierten oder auch, dass „das nicht geht" schrieben bzw. einen Strich machten – als Zeichen der „Nichtlösbarkeit" der Aufgabe.

Dies sei an Beispielen für drei Klassen illustriert.

- 13 von 19 Kindern gaben Lösung 7 (häufig mit Gleichung 2+5=7) an; keine 70, einmal keine Lösung
- 2 von 20 Kindern gaben 7, ein Kind gab 5 und ein Kind 70 als Lösung an; alle anderen Kinder lösten diese Aufgabe nicht,
- in der Parallelklasse der zur zuletzt genannten Klasse gaben 10 von 22 Kindern 7, 2 Kinder 70 und ein Kind keine Lösung an, die anderen Kinder notierten Zahlen zwischen 43 und 87.

Es gab auch Antworten, wie die folgenden.

Ich weiß es nicht.

In jedem Fall liegt die Vermutung nahe, dass der Unterricht und die Lehrerin großen Einfluss auf das haben, was Kinder machen. Die Lösungen dieser Aufgabe lassen das besonders deutlich werden.

Zumindest für unsere beiden Interviewklassen können wir eine deutliche Zunahme der Häufigkeit des nicht sinnvollen rechnerischen Lösens der von uns gestellten Kapitänsaufgabe feststellen, was einer These entspricht, die Radatz bereits 1982 im Ergebnis eigener Untersuchungen aufstellte[7].

Insgesamt zeigen die hier für die einzelnen Aufgaben dargestellten Beispiele, dass man auch aus schriftlichen Tests im ersten Schuljahre interessante Einsichten über das Wissen und die Fähigkeiten der Grundschulkinder erhalten kann. Interviews zu den Lösungen lassen aber sicher deutlich mehr Informationen über die Gedanken und Lösungsstrategien der Kinder erwarten.

---

[7] Radatz, H. (19983) Untersuchungen zum Lösen eingekleideter Aufgaben; JDM 3; S. 205 - 217

5 Einige zusammenfassende Ergebnisse

5.1 Entwicklung der Unterschiede zwischen Klassen und Bundesländern

Nachdem die Ergebnisse für einzelne Aufgaben dargestellt wurden, geht es im Folgenden darum, ob und was über die Entwicklung der Unterschiede bei der Lösung der einzelnen Aufgaben festgestellt werden kann.

Zu Beginn des ersten Schuljahres war auch bei diesen Untersuchungen eine große Heterogenität in den Lernvoraussetzungen der Kinder festzustellen müssen, die sowohl die Leistungen innerhalb einer Klasse, zwischen den Klassen an ein und derselben Schule sowie zwischen den Bundesländern betrifft.

Die von uns gestellten Aufgaben enthalten zu einem erheblichen Teil Anforderungen, die Unterrichtsgegenstand der Klasse 1 sind. Aus diesem Grund war zu erwarten, dass die Anzahl richtiger Lösungen bei den von uns gestellten Aufgaben im Vergleich zum Schulanfang deutlich ansteigen werden. Damit ging die Erwartung einher, dass die Schwankungen in den Leistungen der einzelnen Klassen geringer werden, da mehr Kinder die Aufgaben bewältigen. Wie in 3.2 bereits festgestellt trifft für fast alle der von uns gestellten Aufgaben zu, dass die Schwankungsbreite geringer geworden ist. Lediglich bei den Aufgaben 3 (7-5), 9 (Würfelbauten) und 10 (Bus) sind die Schwankungen in den Leistungen zwischen den einzelnen Klassen größer geworden. Dabei handelt es sich, außer bei 7-5, um Aufgaben, die im Unterricht der Klasse 1 in der Regel nicht auftreten (vgl. Abschnitte 3.2 und 3.3).

Wir hatten in unseren Untersuchungen zu Beginn des Schuljahres festgestellt, dass es zwischen den Leistungen von Klassen an ein und derselben Schule z.T. erhebliche Unterschiede gibt. Wie haben sich diese Unterschiede entwickelt? Blieben sie erhalten, wurden sie abgebaut oder gar vergrößert?

Im Ergebnis unserer Untersuchungen müssen wir feststellen, dass alle diese möglichen Fälle eingetreten sind, dass sich keine einheitlichen Tendenzen abzeichnen.

Das soll an einigen Beispielen illustriert werden.

Rückwärtszählen (Aufgabe1)

An einer Schule wurden zu den beiden Messzeitpunkten folgende Ergebnisse erreicht[8]:

	1. Test	2.Test
Klasse 1	76,2%	94,4%
Klasse 2	69,6%	100%
Klasse 3	68,4%	100%
Klasse 4	56,%	89,4 %

Hier ist festzustellen, dass die Unterschiede zwischen den Klassen geringer geworden sind, dass zwar die Klasse, die zu Beginn des Schuljahres die schwächsten Leistungen zeigte auch am Ende des Schuljahres die schwächste Klasse war, aber die Klasse, die zu Beginn die besten Leistungen zeigte, nahm am Ende keine Spitzenposition mehr ein, die Zuwachsraten in den anderen Klassen waren deutlich größer.

Bei der **Aufgabe 9 (Würfelbauten)** kehrte sich die Reihenfolge der Klassen z.T. um. An anderen Stellen fanden wir wieder Beispiele, wo Klassen mit guten Ausgangspositionen noch deutlich zulegten.

---

[8] Die Nummern für Klassen und Schulen werden lediglich zur Unterscheidung verwendet; es werden nicht immer die gleichen Schulen mit den gleichen Ziffern bezeichnet.

	1. Test	2. Test
Schule 1		
Klasse 1	28,6%	0%
Klasse 2	17,4%	0%
Klasse 3	36,8%	26,7%
Klasse 4	47,8%	84, 2 %
Schule 2		
Klasse 1	50%	5%
Klasse 2	14,3%	18,2%
Schule 3		
Klasse 1	0%	21,7%
Klasse 2	23,5%	8%

Die erstgenannte Schule ist ein Beispiel dafür, dass eine Klasse mit guten Lernvoraussetzungen einen weiteren enormen Lernzuwachs zu verzeichnen hat, während in den anderen Klassen ein deutlicher Rückgang in der Anzahl richtiger Lösungen zu verzeichnen ist. Hier werden die Differenzen in den Leistungen der Klassen an ein und derselben Schule deutlich größer. Bei den andern beiden Schulen zeigten sich die Lernvoraussetzungen zu Beginn der Klasse 1 nicht in den entsprechenden Leistungen am Ende der Klasse 1; hier haben die „schwachen" Klassen zugelegt und insgesamt wurden die Leistungsunterschiede geringer.

Schauen wir uns diese Entwicklungen nun beispielhaft an einer arithmetischen Aufgabe an.

Aufgabe 4 (8+6)

	1. Test	2.Test
Schule 1		
Klasse 1	60,7%	88,5%
Klasse 2	40,7%	74,1%
Klasse 3	64,3 %	89,3%
Schule 2		
Klasse 1	73,1%	91,3%
Klasse 2	53,9%	87%
Schule 3		
Klasse 1	68,2%	65 %
Klasse 2	81%	91%

Hier zeigte die Klasse mit den besten Leistungen im ersten Test auch am Ende der Klasse 1 die besten Leistungen. Wobei auch hier (mit Ausnahme der Schule 3) festzustellen ist, dass die Unterschiede zwischen den Klassen geringer geworden sind; dass die Kinder mit den geringeren Vorkenntnissen – bezogen auf die von uns gestellten Aufgaben – einen sehr deutlichen Lernzuwachs erreicht haben.

Ähnliches kann auch für die anderen Rechenaufgaben festgestellt werden. Offensichtlich ist das Rechnen Schwerpunkt der Klasse 1 und so kommt es zu einem erheblichen Lernzuwachs.

Abschließend zu diesem Komplex noch Beispiele zum Halbieren und Verdoppeln.

Halbieren

	1.Test	2. Test
Schule 1		
Klasse 1	50%	95,7%
Klasse 2	76,9%	87 %
Schule 2		
Klasse 1	86,4%	65 %
Klasse 2	66,7%	95,5%

Hier haben wir Beispiele dafür, dass die Klassen mit geringeren Eingangsvoraussetzungen am Ende der Klasse 1 die besseren Leistungen zeigen, wobei die Leistungsunterschiede zwischen den Klassen in einem Fall kleiner und in einem Fall größer geworden sind.

Verdoppeln

	1.Test	2.Test
Schule 1		
Klasse 1	71,4%	95,5%
Klasse 2	40%	68,2%
Schule 2		
Klasse 1	0%	73,9%
Klasse 2	21,7%	78,3%
Schule 3		
Klasse 1	45,5%	90%
Klasse 2	57,1%	63,6%

Hier stellt sich das Bild wieder uneinheitlich dar. Es gibt Beispiele, wo die Klassen mit den besten Eingangsvoraussetzungen auch am Ende der Klasse 1 die besseren Leistungen zeigen, es gibt aber auch Beispiele, wo die besseren Voraussetzungen nicht zu den besseren Leistungen am Ende führen. Man kann ebenso erkennen, dass die Unterschiede in den Leistungen der Klassen größer oder auch kleiner werden können.

Insgesamt müssen wir feststellen, dass bei den von uns gestellten Aufgaben nicht vorauszusagen ist, dass hohe Kompetenzen zu Beginn der Schullaufbahn auch zwangsläufig zu den besseren Leistungen am Ende der Klasse 1 führen müssen.

In unseren Untersuchungen zu Beginn des ersten Schuljahres hatten wir darüber hinaus feststellen müssen, dass bei fast allen Aufgabenstellungen die Brandenburger Kinder ihren Altersgenossen in den anderen beiden beteiligten Bundesländern überlegen waren und die Kinder aus NRW im Vergleich dazu fast immer die schwächsten Eingangsvoraussetzungen hatten, wobei die Aufgabe zur Subtraktion ohne die Möglichkeit des Abzählens (10-6; Rechnen mit Geld) herausfiel, hier waren die Kinder in NRW deutlich besser als in den anderen beiden Bundesländern.[9]

Da Brandenburg und NRW im Test zu Beginn des Schuljahres die größten Unterschiede aufwiesen, soll im Folgenden die Entwicklung der Unterschiede an Beispielen aus diesen beiden Ländern betrachtet werden. In der Übersicht sind die Leistungsunterschiede im ersten und im zweiten Test zwischen NRW und Brandenburg dargestellt. Negative Zahlen bedeuten, dass die Leistungen in NRW um den angegebenen Prozentsatz geringer als in Brandenburg waren;

---

[9] Vgl. Teil 1 Seite 33

positive Zahlen machen dagegen deutlich, dass die Kinder aus NRW bessere Leistungen als die Brandenburger Kinder zeigten.

Rückwärtszählen	- 10,5%	auf	+ 3,3%
Dreiecke erkennen	- 30,6%	auf	- 9,9%
Schätzen	+ 6,2%	auf	+ 0,5%
10-6	+ 23%	auf	+ 1,9%
Würfelbau	- 13,2%	auf	- 16,7%
Bus	- 7,8%	auf	- 14,8%
Verdoppeln	-3,6%	auf	-10,6%

PISA und andere Erfahrungen legen die Hypothese nahe, dass gute Eingangsvoraussetzungen auch zu besseren Ergebnissen führen. Man könnte also vermuten, dass die Schere eher größer als kleiner wird.

Dies kann in dieser Absolutheit im Ergebnis unserer Untersuchungen **nicht** bestätigt werden.

Betrachtet man die Zahlen, so stellt man fest, dass bei den ersten vier Beispielen die Unterschiede deutlich geringer geworden sind, im ersten Fall hat sogar eine Umkehr der Vorzeichen stattgefunden, die zunächst deutlich geringeren Fähigkeiten im Rückwärtszählen konnten in einen Vorsprung bei der Lösung dieser Aufgabe zum Ende des ersten Schuljahres umgewandelt werden. Sicher haben diese Entwicklungen auch mit einem besseren Aufgabenverständnis infolge gestiegener Sprachkompetenzen – man erinnere sich an den hohen Anteil ausländischer Kinder in einigen Klassen aus NRW.

Bei der Subtraktionsaufgabe haben die Brandenburger Kinder den Stoff der Klasse 1 gelernt und dadurch den Vorsprung der anderen Kinder aufgeholt. Im Unterricht wurde sicher viel mit Geld gerechnet, so dass Erfahrungsdefizite im Umgang mit Geld außerhalb des Unterrichts ausgeglichen werden konnten.

Größer geworden sind die Unterschiede (unterschiedlich in der Ausprägung) bei Aufgaben geometrischen Inhalts. Das veranlasst uns zu folgenden Fragen: Lernen Kinder mit besseren Voraussetzungen Dinge, die im Unterricht keine oder nur eine geringe Rolle spielen, besser? Sind Kinder mit geringeren Voraussetzungen noch mehr als die anderen auf eine anregende Lernumgebung angewiesen? Fragen, auf die wir (noch) keine Antwort wissen, deren Klärung weiteren Forschungsvorhaben vorbehalten bleibt.

Insgesamt machen die Ergebnisse u. E. deutlich, dass Unterschiede in den Eingangsvoraussetzungen durch Unterricht durchaus ausgeglichen werden können. Diese Aussage ist nicht zu verwechseln mit der nicht zu realisierenden Auffassung, dass alle Kinder zu einem gewissen Zeitpunkt das gleiche Wissen und die gleichen Kompetenzen erreicht haben, denn die Entwicklung jedes einzelnen Kindes erfolgt auf individuell ganz unterschiedliche Weise. Wir möchten lediglich darauf aufmerksam machen, dass geringere Eingangsvoraussetzungen nicht zwangsläufig zu Misserfolgen im Lernen führen müssen. Im Gegenteil: Es ist zu überlegen, warum es bei einigen Aufgabenstellungen gelingt, die Schere in den Leistungen zu verkleinern, bei anderen dagegen nicht.

5.2 Unterschiede in den Leistungen von Jungen und Mädchen

Immer wieder interessant ist die Frage, ob Jungen und Mädchen in Mathematik die gleichen Leistungen zeigen. Auch uns interessierte die Frage wieder, da wir ja in unseren Untersuchungen 94/95 im Gegensatz zu Hengartner und Röthlisberger aus der Schweiz keine Unterschiede in den mathematischen Fähigkeiten zu Beginn der Klasse 1 festgestellt haben.

Bei dem Test zu Beginn des Schuljahres 2001/02 konnten wir insgesamt keine Unterschiede in den Leistungen von Jungen und Mädchen feststellen. Bei einigen der von uns eingesetzten Aufgaben gab es aber – im Gegensatz zu den Untersuchungen von 1994/95 - bereits Unterschiede in den Leistungen von Jungen und Mädchen.[10]

Die detaillierten Zahlen sind der Auswertung der einzelnen Aufgaben zu entnehmen.

Am Ende der Klasse 1 ergaben unsere Auswertungen folgende signifikante Unterschiede (Signifikanzniveau $p < 0,01$).

Signifikant bessere Leistungen zeigten die Jungen bei den Aufgaben
- Würfelbauten (27,1% zu 19,3%)
- Verdoppeln (77,1% zu 67,9%)
- Schätzen (53,7% zu 45,3%)

Damit zeigten die Jungen bei den von uns identifizierten Faktoren Wahrnehmung und räumliches Operieren signifikant deutlich bessere Leistungen.

Bei Aufgabe zur Orientierung waren die Leistungen der Jungen dagegen signifikant schlechter als die der Mädchen. Auch beim Test zu Beginn der Klasse 1 zeigten die Jungen bei den Aufgaben "Würfelbauten" und „Verdoppeln" bessere Leistungen als die Mädchen.

Aber nicht bei allen Aufgaben, die man vielleicht mit dem Begriff „Raumvorstellung" in Zusammenhang bringt, zeigten die Jungen bessere Leistungen, sondern wie zu sehen, waren sie bei der Aufgabe zur Orientierung (Mitte, darüber, rechts unten) signifikant schlechter als die Mädchen.

Unsere Studie bestätigt die häufig anzutreffende Meinung, dass Jungen ein besser entwickeltes Raumvorstellungsvermögen haben. Für den Aspekt der Orientierung können wir das nicht bestätigen.

Bei den rechnerischen Fähigkeiten haben wir weder zu Beginn noch zum Ende der Klasse 1 signifikante Unterschiede in den Leistungen von Jungen und Mädchen gefunden.

In der folgenden Grafik sind die Leistungen der Jungen und Mädchen für alle Aufgaben zusammengestellt.

---

[10] Vgl. Teil I Seiten 46 -49

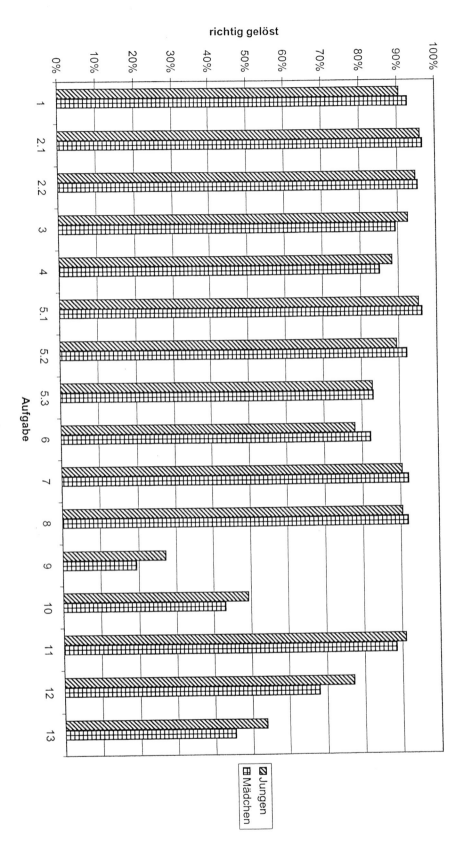

Vergleich der Ergebnisse Jungen - Mädchen

6 Zusammenhänge zwischen den Leistungen der Kinder und den Einstellungen der Lehrkräfte

6.1 Einleitung

Im Folgenden wird es darum gehen, Zusammenhänge zwischen zwei unterschiedlichen Inhaltskomplexen aufzuzeigen:

1. die Einstellungen der Grundschullehrerinnen und Grundschullehrer zum Mathematikunterricht und zu Vorkenntnissen im Mathematikunterricht der Klassenstufe 1, wie sie am Beginn von Klasse 1 mit einem Lehrerfragebogen erhoben wurden und

2. die Leistungen der Kinder im Test, der am Ende der Klasse 1 durchgeführt wurde, bzw. die Leistungsunterschiede zwischen den Tests vom Beginn und vom Ende der Klasse 1.

Bevor spezielle Ergebnisse dargestellt werden, müssen zunächst einige Vorbemerkungen gemacht werden.

Variablen zum Komplex „Einstellungen der Lehrkräfte"

In Teil 1 (S. 70f) wurde dargelegt, dass sich an Hand der Aussagen im Lehrerfragebogen zwei Gruppen von Lehrkräften in unserer Stichprobe identifizieren ließen, die sich in ihrem **Unterrichtsstil** unterscheiden. Bei der einen Gruppe handelt es sich um Lehrkräfte, die modernen Unterrichtskonzepten wie dem aktiv-entdeckenden Lernen aufgeschlossen gegenüber stehen, deren Unterricht an Alltagserfahrungen der Kinder anknüpft und die die sprachlichen Fähigkeiten der Kinder fördern. Wir nennen diese Gruppe im Folgenden kurz *„eher reformpädagogisch orientiert"*. Die Lehrkräfte der anderen Gruppe favorisieren eher ein kleinschrittiges Vorgehen, bei dem die Mathematik als alltagsfernes „Regelspiel" vermittelt wird, das von „Spracharmut" gekennzeichnet ist. Diese Gruppe nennen wird im Folgenden kurz *„eher traditionell orientiert"*.

Differenzierter können die Einstellungen der Lehrkräfte mit folgenden Variablen beschrieben werden:

Bezüglich der Einstellung der Lehrkräfte zur **Rolle des Lerners** ließ sich auf der einen Seite unterscheiden, ob Lehrkräfte den Kindern überhaupt die Fähigkeit zusprechen, eigene Lösungswege finden zu können. Auf der anderen Seite steht die Lehrermeinung, ob Schüler besser durch Anleitung oder Entdecken lernen.

Beim **Verhältnis zwischen Fertigkeiten, Verständnis und Problemlösen** ging es darum, ob Rechenoperationen erst geübt und damit automatisiert werden sollten, bevor bei den Schülern ein Operationsverständnis aufgebaut werden kann oder ob zunächst ein Verständnis für die Operation entwickelt werden muss, bevor es sinnvoll ist, die Aufgaben zu üben.

Die **Bedeutung von Vorwissen** ließ sich zwischen den Polen *„Mathematik hat nichts mit dem Alltag zu tun."* und *„Alltagserfahrungen helfen mathematische Zusammenhänge zu verstehen."* fassen.

Bei der Skala **veränderte Kinder** ging es darum, wie sich die Kinder aus Sicht der Lehrkräfte in den letzten zehn Jahren verändert haben. Sind sie eher wissbegieriger, neugieriger, selbstbewusster und haben mehr Ideen und größere Vorkenntnisse oder sind sie eher oberflächlicher, unruhiger, unkonzentrierter, heterogener und weniger begeisterungsfähig.

Bezüglich der **sprachlichen Fähigkeiten der Schüler** konnte auf der einen Seite unterschieden werden, ob Lehrkräfte den Kindern gute oder schlechte sprachliche Fähigkeiten bescheinigen. Auf der anderen Seite steht die Lehrermeinung, ob sprachliche Fähigkeiten für den Mathematikunterricht wichtig oder unwichtig sind.

Weitere Lehrervariablen, die einen Einfluss auf die Leistungen der Kinder haben können, sind das Geschlecht der Lehrkraft, ihr Alter, seit wie vielen Jahren sie schon im Schuldienst arbeitet und wie oft sie bereits eine erste Klasse hatte.

Es können nur Daten von Lehrkräften in die Analyse einbezogen werden, deren Klasse am Test zum Ende des ersten Schuljahres teilgenommen hat. Dies trifft auf 36 Lehrkräfte zu.

Variablen zum Komplex „Leistungen der Kinder"

Auf der Seite der Schülerinnen und Schüler kann zunächst von jedem Kind zu jeder Aufgabe gesagt werden, ob sie **richtig** oder **falsch** gelöst ist. Die Kapitänsaufgabe (Aufgabe 14) bleibt dabei unberücksichtigt. Um auch noch allgemeinere Aussagen treffen zu können, wurden die Aufgaben außerdem zusammengefasst. Dazu wurde eine Faktorenanalyse (Hauptkomponentenanalyse mit Varimax-Rotation) der Aufgaben durchgeführt, bei der sich fünf Faktoren identifizieren ließen:

Der erste Faktor besteht ausschließlich aus den drei Teilaufgaben von Aufgabe 5. Er lässt sich mit dem Begriff **Orientierung** in der Ebene fassen. Der zweite Faktor fasst alle Aufgaben zum **Rechnen** (Addition und Subtraktion) mit und ohne Möglichkeit des Abzählens zusammen, also die Aufgaben 3, 4, 7 und 8. Der dritte Faktor wird von den Teilaufgaben von Aufgabe 2 gebildet. Wir nennen ihn den Faktor **Zahlbild**. Der vierte Faktor besteht im Wesentlichen aus den Aufgaben 10, 11 und 12. Wir nennen ihn **räumliches Operieren**. Der fünfte Faktor umfasst drei Aufgaben, die etwas mit **Wahrnehmung** oder Vorstellung gleichartiger Objekte zu tun haben (Nr. 9, 6 und 13). Aufgabe 1 fällt etwas aus dem Rahmen. Sie lädt etwa gleichermaßen schlecht auf Faktor 2 ($r = 0,41$) und Faktor 4 ($r = -0,42$).

Der **Summenscore** fasst alle Aufgaben zusammen und gibt an, wie viele der 16 Teilaufgaben ein Kind richtig gelöst hat.

Da der Test vom Ende der Klasse 1 nicht mit dem am Schuljahresbeginn eingesetzten Test identisch ist, können Leistungsunterschiede zwischen beiden Tests nur auf der Ebene der identischen Einzelaufgaben vorgenommen werden.

Die hierarchische Struktur der Daten

Bei den vorliegenden Daten müssen grundsätzlich zwei Analyseebenen voneinander unterschieden werden. Die Leistungen der Kinder im Test liegen auf der Ebene der Individuen vor. Diese Individuen wurden jedoch nicht zufällig aus der Grundgesamtheit aller Erstklässler in Berlin, Brandenburg und Nordrhein-Westfalen ausgewählt. Es wurden vielmehr, wie dies bei Untersuchungen dieser Art üblich ist, ganze Schulklassen ausgewählt und getestet. Diese Schulklassen bilden eine höhere Ebene. Man kann bei einer solchen Stichprobe nicht davon ausgehen, dass alle Schülermerkmale normalverteilt sind, da sich die Kinder einer Klasse u.U. in gewisser Hinsicht ähnlicher sind, als Kinder aus verschiedenen Klassen. Das spielt natürlich nur dann eine Rolle, wenn Zusammenhänge zwischen verschiedenen Schülermerkmalen berechnet werden sollen.

Beim Thema des vorliegenden Kapitels kommt zudem noch hinzu, dass sich die Aussagen und Merkmale der Lehrerinnen und Lehrer allein auf diese höhere Ebene der Klassen beziehen, weil jede Schulklasse nur eine Lehrkraft hat. Sollen also Schülerleistungen und Lehrermerkmale miteinander in Beziehung gesetzt werde, so betrifft dies Variablen verschiedener Analyseebenen. Es gibt grundsätzlich drei Wege, mit diesem Problem umzugehen.

1. Man tut so, als ob alle Daten auf der Individualebene vorliegen. Das heißt, jedem Kind werden die Merkmale der Lehrkraft zugeordnet, von der es unterrichtet wird. Die Lehrermerkmale haben dann für alle Kinder einer Klasse den gleichen Wert. Lehrermerkmale können damit nicht für die Variabilität der Schülermerkmale innerhalb einer Klasse verantwortlich sein. Werden Schüler- und Lehrermerkmale miteinander in Beziehung gesetzt, werden dabei sowohl die Freiheitsgrade als auch die Varianz überschätzt. Beides hat unterschiedliche Auswirkungen auf die Signifikanzprüfung, die somit unbrauchbar wird.

2. Man aggregiert alle Daten auf Klassenebene. Das heißt, man betrachtet nicht mehr die Testergebnisse der einzelnen Kinder, sondern nur noch Mittelwerte in

den einzelnen Schulklassen. Damit ist zwar auf Klassenebene eine korrekte Varianzanalyse möglich. Man verschenkt jedoch wertvolle Informationen: die Varianz der Schülerdaten innerhalb der Klassen. Damit ist es nicht mehr möglich, Wechselwirkungen zwischen Variablen auf der Klassen- und Variablen auf der Individualebene zu bestimmen. Aber auch Korrelations- und Regressionsrechnungen, die allein auf der Klassenebene bleiben, können falsch werden, wenn sie aggregierte Individualdaten enthalten. Es wird dann nämlich fälschlicher Weise unterstellt, dass die Varianz der Individualdaten innerhalb der Klassen in jeder Klasse gleich ist.

3. Einen Ausweg bietet das *Hierarchisch Lineare Modell* (HLM). Bei der herkömmlichen linearen Regression wird die Beziehung zwischen einer abhängigen Variable y und einer erklärenden Variable x durch eine lineare Gleichung $y = \beta_0 + \beta_1 x + r$ dargestellt. Dabei ist β_0 der Wert von y bei $x = 0$, β_1 ein Steigungsfaktor und r ein Fehlerterm, der normalverteilt ist und den Mittelwert 0 hat. Das Hierarchisch Lineare Modell erlaubt nun, anzunehmen, dass β_0 und β_1 für jede Gruppe (z.B. Schulklasse) andere Werte haben, die von Variablen w und v der Aggregatebene abhängen: $\beta_0 = \gamma_{00} + \gamma_{01} w + u_0$ und $\beta_1 = \gamma_{10} + \gamma_{11} v + u_1$.

Im vorliegenden Fall möchten wir die Schülerleistungen y durch Lehrermerkmale w erklären. Wir haben keine erklärende Variable auf der Ebene der Individuen, da außer den Leistungen keine weiteren Schülermerkmale erhoben wurden. Die Gleichungen reduzieren sich damit zu $y = \beta_0 + r$ und $\beta_0 = \gamma_{00} + \gamma_{01} w + u_0$. Die erste Gleichung besagt, dass y in jeder Klasse zufällig um einen Mittelwert β_0 schwankt. Sie hat darüber hinaus keinen weiteren Erklärungswert. Die zweite Gleichung ist eine herkömmliche lineare Regressionsgleichung auf der Ebene der Aggregate, d.h. durch die Lehrermerkmale lassen sich die Mittelwerte der Schülerleistungen in den Klassen erklären. Die Anwendung der Hierarchischen Linearen Modellierung erübrigt sich also.

Dieses Modell ist sehr vereinfachend. Natürlich sind die Leistungsunterschiede zwischen den einzelnen Schülerinnen und Schülern einer Klasse nicht allein auf Zufallseffekte zurückzuführen, sondern hängen von verschiedenen Persönlichkeitsmerkmalen der Kinder ab. Ein sehr viel realistischeres Modell würde z.B. die Testleistungen y am Ende der ersten Klasse im Wesentlichen durch die Testleistungen x am Anfang der ersten Klasse erklären: $y = \beta_0 + \beta_1 x + r$. Dabei stellt β_0 den Leistungszuwachs dar, den alle Kinder unabhängig von ihrem Vorwissen erfahren. Der Steigungsfaktor ließe sich folgendermaßen interpretieren:

1. $\beta_1 > 1$: Die Leistungsunterschiede zwischen guten und schlechten Schülerinnen und Schülern werden größer.
2. $\beta_1 = 1$: Die Leistungsunterschiede zwischen guten und schlechten Schülerinnen und Schülern bleiben gleich.
3. $0 < \beta_1 < 1$: Die Leistungsunterschiede zwischen guten und schlechten Schülerinnen und Schülern werden geringer.
4. $\beta_1 = 0$: Die Leistungen der Schülerinnen und Schüler am Ende des ersten Schuljahres sind unabhängig von ihren Leistungen am Schulbeginn. Das ist das obige Modell.
5. $\beta_1 < 0$: Aus guten werden schlechte und aus schlechten gute Schülerinnen und Schüler. Das ist sehr unwahrscheinlich.

Sowohl β_0 als auch β_1 können von Merkmalen der Lehrkräfte abhängen, wie es dass Hierarchisch Lineare Modell beschreibt. Allerdings lassen sich bei unserer Untersuchung aus untersuchungsökonomischen und technischen Gründen die Testergebnisse vom Beginn und vom

Ende der Klasse 1 nicht auf der Ebene der einzelnen Schülerinnen und Schüler miteinander verknüpfen. Dieses komplexe Modell kann also mit den vorliegenden Daten nicht getestet werden. Die Variablen, welche die Leistungsunterschiede zwischen Schuljahresbeginn und -ende beinhalten, lassen sich aber auf der Ebene der Aggregate (der Schulklassen) berechnen. Damit ist es möglich, das Modell mit $\beta_1 = 1$ zu untersuchen. Die Beziehung zwischen y und x vereinfacht sich dann zu $y = \beta_0 + x + r$, was sich umformen lässt zu $y - x = \beta_0 + r$. Bei diesem Modell stellt also β_0 den mittleren Leistungszuwachs in jeder Schulklasse dar, um den der tatsächliche Leistungszuwachs jedes einzelnen Kindes zufällig schwankt. Seine Abhängigkeit von den Lehrermerkmalen kann wiederum mit einer herkömmlichen linearen Regression untersucht werden.

Auswahl der bedeutenden Variablen

In der Gleichung $\beta_0 = \gamma_{00} + \gamma_{01} w + u_0$ wurde bisher davon ausgegangen, dass es genau eine Variable w gibt, mit der sich β_0 erklären lässt. Tatsächlich wurden aber mit dem Lehrerfragebogen mehrere Variablen (s. S. 67) $w_1, \ldots, w_p$ erhoben, die z.T. miteinander korreliert sind, und von denen wir nicht wissen, welche Variablen bedeutsame Einflüsse auf β_0 ausüben und welche nicht. Es wird deshalb ein exploratives Vorgehen gewählt, dass „schrittweise Regression" genannt wird. Das Verfahren läuft folgendermaßen ab:

1. Zunächst wird die Variable w_i in die Regressionsgleichung aufgenommen, die mit β_0 am höchsten korreliert.

2. Als nächstes wird die Variable w_j hinzugenommen, durch die das Vorhersagepotential (die erklärte Varianz R^2) maximal vergrößert wird. Der Wert, um den durch Hinzunahme von w_j die erklärte Varianz vergrößert wird, heißt Nützlichkeit von w_j.

3. Nun kann überprüft werden, ob durch die Hinzunahme von w_j eine andere bereits im Modell enthaltene Variable redundant geworden ist. Es wird diejenige Variable gesucht, durch deren Entfernung aus dem Modell die erklärte Varianz minimal verkleinert wird. Sie wird entfernt, wenn ihre Nützlichkeit einen vorgegebenen Minimalwert unterschreitet.

4. Die Schritte 2 und 3 werden sukzessive so lange wiederholt, bis es keine Variable mehr gibt, deren Nützlichkeit einen vorgegebenen Minimalwert übersteigt.

Man erhält auf diesem Wege einen Satz von k Prädiktorvariablen, mit denen β_0 über eine multiple Regressionsgleichung erklärt wird. Die restlichen $p - k$ Variablen sind redundant oder haben keinen bedeutsamen Einfluss auf β_0.

6.2 Die Schülerleistungen am Ende der ersten Klasse

In diesem Abschnitt werden die Zusammenhänge der Lehrermerkmale mit den Leistungen der Schülerinnen und Schüler am Ende von Klasse 1 unter Vernachlässigung der Leistungen am Beginn von Klasse 1 dargestellt (Modell mit $\beta_1 = 0$). Zunächst interessiert uns, ob es signifikante Unterschiede zwischen Kindern gibt, die von „eher reformpädagogisch orientierten" Lehrkräften unterrichtet werden, und Kindern, die von „eher traditionell orientierten" Lehrkräften[11] unterrichtet werden. Dazu wird auf Klassenebene[12] eine Varianzanalyse durchgeführt. Man findet signifikante Unterschiede beim Summenscore, beim Faktor Wahrnehmung sowie bei den Aufgaben 6 und 13. Das bedeutet, dass Kinder, die von „eher reformpädago-

---

[11] Zur Definition der Gruppen „eher reformpädagogisch orientiert" und „eher traditionell orientiert" s. S. 67.
[12] Wenn man auf der Ebene der Individuen eine Varianzanalyse durchführt, erhält man sehr viele signifikante Unterschiede, denen man jedoch nicht trauen darf.

gisch orientierten" Lehrkräften unterrichtet werden, am Ende von Klasse 1 in unserem Test bessere Ergebnisse erzielen, weil sie eher alle Dreiecke in einem Bild identifizieren können und besser kleine Anzahlen schätzen. Um dies erklären zu können, sind detailliertere Aussagen nötig. Dazu werden wir für jede Leistungsvariable vorstellen, durch welche Lehrermerkmale sie sich erklären lässt. Die Auswahl der Lehrermerkmale erfolgt durch ein schrittweises Vorgehen bei der multiplen linearen Regressionsanalyse.

Der Summenscore

Je mehr die Lehrerinnen und Lehrer die Kinder heute für wissbegieriger, selbstbewusster und neugieriger halten und meinen, dass heutige Kinder mehr Ideen und größere Vorkenntnisse haben, und je mehr sie der Meinung sind, dass die Kinder gute sprachliche Fähigkeiten haben, desto höher ist die von den Schülerinnen und Schülern ihrer Klassen im Mittel erreichte Anzahl der richtig gelösten Aufgaben unseres Testes. Die multiple Korrelation liegt bei 0,63, d.h. es werden 40 % der Varianz des Summenscores durch die Variablen „veränderte Kinder" und „sprachliche Fähigkeiten" aufgeklärt, wobei das Gewicht der sprachlichen Fähigkeiten mit 0,43 etwas größer ist als das Gewicht der Variable „veränderte Kinder", das bei 0,33 liegt.

Wir sehen hierin die Wirkung eines pädagogischen Optimismus. Lehrkräfte, die ihre Schülerinnen und Schülern als interessierter erleben, fordern diese auch mehr, wodurch die Kinder tatsächlich mehr lernen und bessere Leistungen erbringen. Dies gilt insbesondere für die sprachlichen Fähigkeiten. Wenn Lehrkräfte bessere sprachliche Fähigkeiten erwarten, müssen die Schülerinnen und Schüler in ihrem Unterricht auch mehr sprechen. Durch dieses vermehrte Sprechen verbessern sich ihre sprachlichen Leistungen tatsächlich, was auch positive Auswirkungen auf die mathematischen Leistungen hat.

Hinzu kommt sicher noch, dass die Einschätzung der sprachlichen Leistungsfähigkeit der Kinder durch die Lehrkräfte in gewisser Weise der Realität entspricht. Das bedeutet, dass es Gegenden gibt, in denen die Kinder im Mittel bei Schulbeginn weniger gut sprechen können als in anderen Gegenden, und dass dies auch richtig von den Lehrkräften eingeschätzt wird. Es sind dann diese tatsächlichen sprachlichen Fähigkeiten, die Einfluss auf die Leistungen der Kinder in unserem Test haben.

Die Orientierung

Die Leistungen der Kinder bei Aufgabe 5 lassen sich mit einer Varianzaufklärung von 33 % erklären durch die Bedeutung, die Lehrkräfte dem Vorwissen im Mathematikunterricht beimessen, und ihrem Alter. Je größer die Bedeutung ist, die dem Vorwissen beigemessen wird, und je älter die Lehrkräfte sind, desto besser können sich ihre Schülerinnen und Schüler in der Ebene orientieren. Die multiple Korrelation beträgt 0,57. Die Bedeutung des Vorwissens hat dabei ein größeres Gewicht (0,54 gegenüber 0,38).

Der Zusammenhang lässt sich verstehen, wenn man eine Beobachtung heranzieht, die oft bei Lehramtsstudierenden gemacht wird. Die Studierenden und damit auch Junglehrerinnen und Junglehrer können sich oft nicht vorstellen, dass Orientierung für die Kinder ein Problem sein könnte. Ältere Lehrkräfte haben diese Erfahrung hingegen schon häufig gemacht. Insbesondere wenn sie dem Vorwissen eine große Bedeutung beimessen, werden sie die Orientierungsfähigkeit ihrer Schülerinnen und Schüler testen, um bei festgestellten Defiziten entsprechende Übungen mit den Kindern zu machen. Dadurch verbessert sich dann die Orientierungsfähigkeit der Kinder.

Aufgabe 5 besteht aus drei Teilaufgaben. Die Kinder können umso besser ein Kreuz in das mittlere Kästchen zeichnen, je mehr ihnen ihre Lehrkräfte zutrauen, dass sie eigene Lösungswege finden können. Allerdings werden nur 14 % der Varianz aufgeklärt ($R = 0,38$). Beim Punkt in dem Kästchen darüber sieht es genauso aus, wobei die Varianzaufklärung 18 % beträgt ($R = 0,43$). Die Anforderung, rechts unten einen Strich zu zeichnen, ist offensichtlich von anderer Art. Hier lassen sich bei einer multiplen Korrelation von 0,61 fast 37 % der Varianz der durchschnittlichen Schülerleistungen folgendermaßen erklären: Je höher eine Lehrkraft die Bedeutung des Vorwissens einschätzt und je eher sie der Meinung ist, dass Lerner keine (!) eigenen Lösungswege finden können, umso mehr Kinder ihrer Klasse haben diese Aufgabe richtig gelöst. Dabei hat die Bedeutung des Vorwissens mit 0,69 gegenüber –0,45 das weitaus größere Gewicht.

Die ersten beiden Teilaufgaben sind so einfach, dass sehr viele Kinder sie richtig gelöst haben. Hier ist also nur sehr wenig Varianz vorhanden, die erklärt werden kann. Anders ist dies bei der Aufgabe Rechts und Links zu unterscheiden. Damit haben selbst noch manche Erwachsene Probleme. Dass hier Kinder im Vorteil sind, deren Lehrkräfte ihnen keine eigenen Lösungswege zutrauen, liegt sicher daran, dass die Unterscheidung von Rechts und Links nur durch Unterweisung gelernt werden kann.

Das Rechnen und das Zahlbild

Nur 11 % der Varianz der Leistungen beim Addieren und Subtrahieren lassen sich durch Lehrermerkmale erklären. Je mehr die Lehrerinnen und Lehrer die Kinder heute für wissbegieriger, selbstbewusster und neugieriger halten und meinen, dass heutige Kinder mehr Ideen und größere Vorkenntnisse haben, desto bessere Leistungen beim Rechnen zeigen die Schülerinnen und Schüler ihrer Klasse. Die Korrelation beträgt 0,33.

Addition und Subtraktion sind Hauptinhalt des Mathematikunterrichtes der ersten Klasse. Jede Lehrkraft ist bemüht, allen Kindern diese Fertigkeiten zu vermitteln. So wundert es nicht, dass nur ein geringer Teil der Varianz auf Lehrereinstellungen zurückgeführt werden kann. Zum Teil spielt aber offensichtlich doch der pädagogische Optimismus eine gewisse Rolle.

Die durchschnittlichen Leistungen der Kinder bei den Aufgaben 3 und 4 lassen sich nicht durch Lehrermerkmale erklären, da fast alle Kinder unabhängig von ihrer Klassenzugehörigkeit diese Aufgaben richtig gelöst haben.

Von der Varianz der durchschnittlichen Leistung der Schülerinnen und Schüler einer Klasse bei Aufgabe 7 lassen sich 13 % erklären. Je mehr eine Lehrkraft meint, dass Lerner eigene Lösungswege finden können, desto mehr Kinder ihrer Klasse haben die Additionsaufgabe ohne Möglichkeit des Abzählens richtig gelöst ($R = 0,36$). Dieser Befund lässt vermuten, dass Lernen auf eigenen Wegen einigen Kindern hilft, bessere Rechenfertigkeiten zu entwickeln.

Die Leistungen bei Aufgabe 8 lassen sich weitaus besser erklären, weil diese für die Kinder am schwierigsten war. Hier werden 54 % der Varianz aufgeklärt. Der Anteil der Kinder, die ohne Möglichkeit des Abzählens subtrahieren können, ist höher, wenn ihre Lehrerin bzw. ihr Lehrer

1. meint, dass die Kinder heute wissbegieriger, selbstbewusster und neugieriger sind und mehr Ideen und größere Vorkenntnisse haben (Gewicht = 0,78),
2. noch nicht so oft eine erste Klasse hatte (Gewicht = –0,61) und
3. der Meinung ist, dass sprachliche Fähigkeiten für den Mathematikunterricht wichtig sind (Gewicht = 0,36).

Die multiple Korrelation beträgt 0,74. Hier lässt sich wieder die positive Wirkung des pädagogischen Optimismus' und die große Bedeutung der Sprache erkennen. Sprachliche Fähigkeiten sind bei der Subtraktion wichtiger als bei der Addition, weil die zu Grunde liegenden Handlungen komplexer sind. Während die Addition so visualisiert werden kann, dass beide Summanden und die Summe gleichzeitig sichtbar sind, ist bei der Ausführung der Subtraktion zunächst nur der Minuend, dann Subtrahend und Differenz und schließlich nur noch die Differenz sichtbar. Was jeweils nicht sichtbar ist, muss sich das Kind vorstellen. Dabei ist es sehr hilfreich, wenn das Kind seine Vorstellungen in Worte fassen kann. Dass Lehrkräfte, die noch nicht so oft eine erste Klasse hatten, bei der Vermittlung der Subtraktion erfolgreicher sind, hängt vielleicht damit zusammen, dass jüngere Lehrerinnen und Lehrer meist modernere Unterrichtsmethoden verwenden.

Die Leistungen der Kinder bei Aufgabe 2 lassen sich nicht auf Lehrermerkmale zurückführen. Das liegt wieder daran, dass es hier kaum Unterschiede zwischen den Klassen gibt.

Das räumliche Operieren

Je mehr eine Lehrkraft meint, dass heutige Kinder wissbegieriger, neugieriger, ideenreicher und vorkenntnisreicher als vor zehn Jahren sind, desto bessere Leistungen erbringen die Kinder ihrer Klasse bei den Aufgaben zum räumlichen Operieren. Die multiple Korrelation liegt bei 0,47, d.h. es lassen sich 22 % der Varianz auf diesem Wege erklären. Der Anteil der Kinder einer Klasse, die über eine bewegliche Raumvorstellung, wie sie Aufgabe 10 abprüft, verfügen und der Anteil der Kinder einer Klasse, die grafisch Verdoppeln können (Aufgabe 12), ist umso höher, je mehr die Lehrkraft der Klasse der Meinung ist, dass die Kinder in der Lage sind, eigene Lösungswege zu finden. Es werden jeweils 19 % der Varianz aufgeklärt ($R = 0,44$). Wie viele Kinder einer Klasse grafisch Halbieren können (Aufgabe 11), hängt hingegen davon ab, inwieweit die Lehrkraft meint, dass heutige Kinder wissbegieriger, neugieriger, ideenreicher und vorkenntnisreicher sind. Die Varianzaufklärung liegt bei 30 % bei einer Korrelation von 0,54. Diese Ergebnisse stützen wieder unsere These vom pädagogischen Optimismus.

Die Wahrnehmung

Schülerinnen und Schüler einer Klasse zeigen im Mittel umso bessere Leistungen bei den Aufgaben zur Wahrnehmung, je besser die Lehrkraft dieser Klasse die sprachlichen Fähigkeiten der Kinder beurteilt ($R = 0,48$). Der Anteil der Varianzaufklärung liegt bei 23 %. Das gleiche trifft auch allein auf Aufgabe 6 zu, wobei die Korrelation bei 0,58 liegt und 34 % der Varianz aufgeklärt werden. Das ist ein deutlicher Hinweis darauf, dass mit dieser Aufgabe nicht allein die Wahrnehmungskonstanz sondern auch die sprachlichen Fähigkeiten der Kinder getestet werden. Wenn man den Begriff „Dreieck" nicht kennt, kann man Dreiecke nicht finden (vgl. Teil 1, S. 29 u. 68).

Das räumliche Vorstellungsvermögen, wie es von Aufgabe 9 verlangt wird, hängt nicht von Lehrermerkmalen ab. Dies kann *nicht* durch eine zu geringe Varianz erklärt werden! Es gibt Klassen, in denen kein Kind diese Aufgabe richtig löste, während in anderen Klassen fast 90% der Kinder das richtige Ergebnis fanden. Die einzige Erklärung für diesen Befund scheint uns zu sein, dass räumliche Geometrie im Unterricht der ersten Klasse keine Rolle spielt, so dass die Fähigkeiten der Kinder in diesem Bereich auch nicht von den Einstellungen der Lehrkräfte beeinflusst werden können.

Der Anteil richtiger Lösungen beim Schätzen von Anzahlen (Aufgabe 13) wird in einer Klasse größer, wenn

1. die Lehrkraft der Klasse „eher reformpädagogisch orientiert" ist (Gewicht = 1,03),
2. die Lehrkraft eher der Meinung ist, dass das Automatisieren von Rechenverfahren der Erarbeitung von Verständnis voraus gegen sollte (Gewicht = –0,55),
3. die Lehrkraft eher der Meinung ist, dass Lerner keine eigenen Lösungswege finden können (Gewicht = –0,45) und
4. die Lehrkraft meint, dass heutige Kinder eher wissbegieriger und neugieriger sind und mehr Ideen und größere Vorkenntnisse haben (Gewicht = 0,39).

Die multiple Korrelation liegt bei 0,73. Es werden also 54 % der Varianz erklärt. Dieses Ergebnis erscheint auf den ersten Blick in sich widersprüchlich zu sein, da „eher reformpädagogisch orientierte" Lehrkräfte nach unserer Definition dieses Begriffs eher dem Verständnis den Vorrang geben und ihren Schülerinnen und Schülern eher zutrauen, eigene Lösungswege zu finden. Das wiederum bedeutet aber, dass die betrachteten Merkmale nicht unabhängig voneinander sind, was die Interpretation des Ergebnisses erschwert. Man hat es hier mit sogenannten Suppressionseffekten[13] zu tun, denn das Gewicht des Unterrichtsstils ist deutlich größer als die Korrelation zwischen dem Unterrichtsstil und dem Anteil richtiger Lösungen bei Aufgabe 13. Sie liegt bei 0,47.

Die Lehrereinstellung, ob das Automatisieren von Rechenverfahren der Erarbeitung von Verständnis vorausgehen sollte oder umgekehrt, ist mit dem Anteil richtiger Lösungen bei Aufgabe 13 unkorreliert. Trotzdem hat die Variable in der multiplen Regressionsgleichung ein großes Gewicht. Das ist das Kennzeichen eines traditionellen Suppressors. Abbildung 1 zeigt die Zusammenhänge grafisch. Man erkennt, dass es zwischen der Lehrereinstellung und dem Anteil richtiger Lösungen bei Aufgabe 13 keinen deutlichen Zusammenhang gibt. Die eingezeichnete Regressionsgerade wird nicht signifikant. Deutlich ist aber der Zusammenhang mit dem Unterrichtsstil zu erkennen. „Eher reformpädagogisch orientierte" Lehrkräfte sind eher der Meinung, dass ein Verständnis der Rechenoperationen dem Automatisieren vorausgehen sollte. Der Anteil richtiger Lösungen in ihren Klassen ist auch im Mittel höher als bei Lehrkräften, die einen traditionellen Unterrichtsstil favorisieren. In beiden Gruppen getrennt wird deutlich, dass bessere Ergebnisse in den Klassen der Lehrkräfte erzielt werden, die das Verständnis nicht zu extrem in den Vordergrund stellen, sondern einen Mittelweg zwischen Automatisieren und Verständnis suchen.

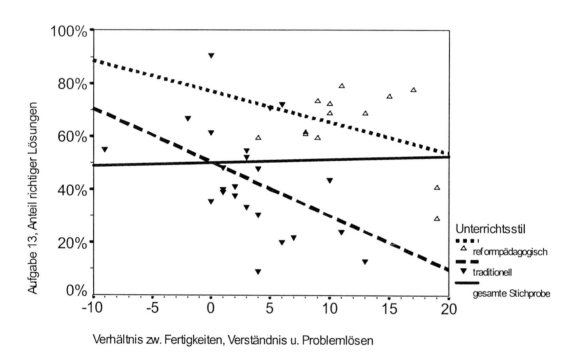

Abbildung 1: Zusammenhang zwischen Unterrichtsstil, Fertigkeiten vs. Verständnis und dem Anteil richtiger Lösungen beim Schätzen

Bei der Einschätzung der Lehrkräfte, ob Lerner eigene Lösungswege finden können oder nicht, sieht es ähnlich aus. Man findet hier sogar eine (allerdings nicht signifikante) positive Korrelation von 0,26 mit dem Anteil richtiger Lösungen bei Aufgabe 13. Der Regressionskoeffizient ist aber negativ. In diesem Fall spricht man von einem negativen Suppressor. Abbildung 2 zeigt die Zusammenhänge grafisch. Man erkennt, dass es zwischen der Lehrereinstellung und dem Anteil richtiger Lösungen bei Aufgabe 13 einen positiven Zusammenhang gibt. Die eingezeichnete Regressionsgerade wird allerdings nicht signifikant. Deutlich ist auch der Zusammenhang mit dem Unterrichtsstil zu erkennen. „Eher reformpädagogisch

---

[13] Eine leicht verständliche Darstellung der Wirkung von Suppressionseffekten bei multiplen Regressionsanalysen findet man in Bortz, Jürgen: „Statistik für Sozialwissenschaftler", 5. Aufl. Berlin u.a. 1999, S. 442-446.

orientierte" Lehrkräfte sind eher der Meinung, dass Lerner eigene Lösungswege finden können. Der Anteil richtiger Lösungen in ihren Klassen ist auch im Mittel höher als bei Lehrkräften, die einen „eher traditionellen orientierten" Unterrichtsstil favorisieren. Besonders bei den „eher reformpädagogisch orientierten" Lehrkräften wird deutlich, dass bessere Ergebnisse in den Klassen derjenigen Lehrkräfte erzielt werden, die bei der Einschätzung, ob Lerner eigene Lösungswege finden können oder nicht, eher unentschieden sind.

Anders ausgedrückt lässt sich das Ergebnis auch folgendermaßen interpretieren: Von der „eher reformpädagogischen Orientierung" haben nur jene Merkmale eine positive Auswirkung auf die Fähigkeiten im Schätzen, die von den Suppressor-Variablen nicht unterdrückt werden. Und das ist im Wesentlichen die Meinung, dass die sprachlichen Fähigkeiten der Kinder nicht gar so schlecht sind (vgl. Abbildung 3).

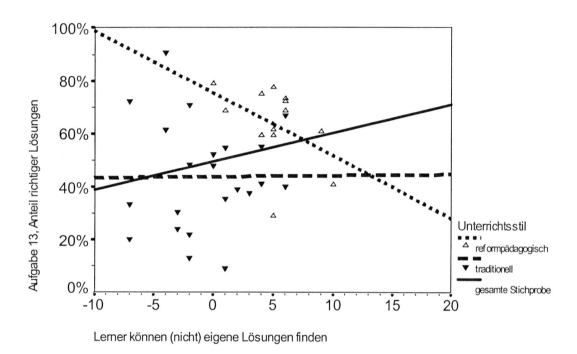

Abbildung 2: Zusammenhang zwischen Unterrichtsstil, eigene vs. keine eigenen Lösungswege und dem Anteil richtiger Lösungen beim Schätzen

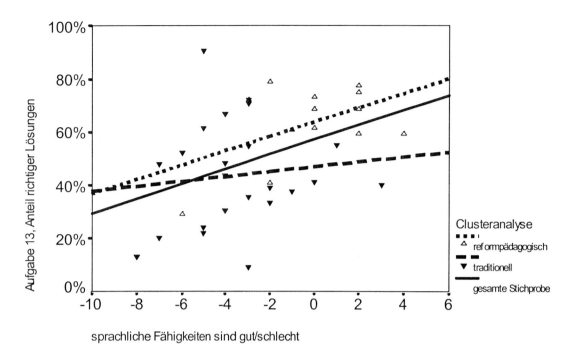

Abbildung 3: Zusammenhang zwischen Unterrichtsstil, sprachlichen Fähigkeiten und dem Anteil richtiger Lösungen beim Schätzen

Schließt man jedoch den Unterrichtsstil von der Analyse aus, so verbleibt nur der vierte Effekt (s. Abbildung 4), der vom Unterrichtsstil unabhängig ist und sich wie oben als pädagogischer Optimismus deuten lässt.

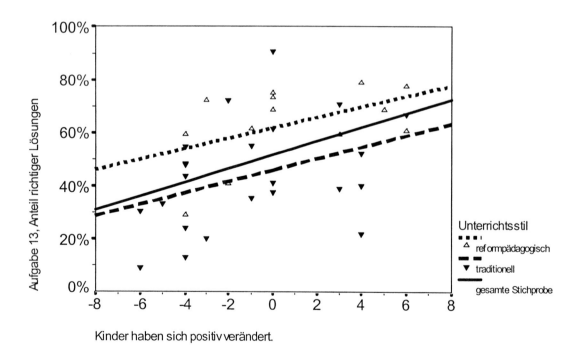

Abbildung 4: Zusammenhang zwischen Unterrichtsstil, positiv veränderten Kindern und dem Anteil richtiger Lösungen beim Schätzen

6.3 Die Leistungszuwächse im Laufe der ersten Klasse

Nun kommen wir zu dem Abschnitt, in dem die Zusammenhänge der Lehrermerkmale mit den mittleren Leistungsänderungen der Schülerinnen und Schüler auf Klassenebene in Klasse 1 dargestellt werden (Modell mit $\beta_1 = 1$). Da zu Beginn von Klasse 1 ein etwas anderer Test als zum Ende der Klasse verwendet wurde, können für den Summenscore und die Faktoren keine Leistungsänderungen auf Klassenebene angegeben werden. Wir müssen uns deshalb auf die einzelnen Aufgaben beschränken, die in beiden Tests identisch waren.

Zunächst interessiert uns wieder, ob es signifikante Unterschiede zwischen Kindern gibt, die von „eher reformpädagogisch orientierten" Lehrkräften[14] unterrichtet werden, und Kindern, die von „eher traditionell orientierten" Lehrkräften unterrichtet werden. Dazu wird auf Klassenebene eine Varianzanalyse durchgeführt. Man findet signifikante Unterschiede nur bei den Aufgaben 7 und 8. Das bedeutet, dass Klassen, die von „eher traditionell orientierten" Lehrkräften unterrichtet werden, in Klassestufe 1 beim Lösen von Additions- und Subtraktionsaufgaben ohne Möglichkeit des Abzählens größere Lernzuwächse zeigen. In „eher traditionell" unterrichteten Klassen steigt der Anteil richtiger Lösungen pro Klasse im Mittel um 40 Prozentpunkte bei der Addition und 54 Prozentpunkte bei der Subtraktion, während es in „eher reformpädagogisch" unterrichteten Klassen nur 29 und 38 Prozentpunkte sind. Das bedeutet, dass kurzfristig (innerhalb eines Schuljahres) das „Pauken" von Lösungen Lernkonzepten, die auf Verständnis abzielen, überlegen ist. Langfristig kann sich dies aber ändern, wie die Ergebnisse zu den Leistungen (s.o.) und andere Untersuchungen belegen.

Im Folgenden werden wir wieder für jede Leistungsvariable vorstellen, durch welche Lehrermerkmale sie sich erklären lässt.

Die Orientierung

Die mittleren Leistungszuwächse der Kinder bei Aufgabe 5 lassen sich – anders als die mittleren Leistungen – nicht durch Lehrereinstellungen erklären. Dies trifft jedoch nicht für die einzelnen Teilaufgaben zu.

Die Kinder haben umso besser gelernt ein Kreuz in das mittlere Kästchen zu zeichnen, je weniger ihre Lehrkräfte meinen, dass sie gute sprachliche Fähigkeiten haben. Es werden immerhin 28% der Varianz aufgeklärt ($R = -0,53$). Beim Punkt in dem Kästchen darüber sieht es genauso aus, wobei die Varianzaufklärung sogar 37 % beträgt ($R = -0,61$). Vielleicht legen Lehrkräfte, die die sprachlichen Fähigkeiten ihrer Schülerinnen und Schüler negativ beurteilen, besonders großen Wert darauf, sprachliche Ausdrücke wie „in der Mitte" und „darüber" mit den Kindern zu üben.

Die Anforderung, rechts unten einen Strich zu zeichnen, ist wie oben von anderer Art. Hier lassen sich bei einer Korrelation von 0,50 nur 25 % der Varianz des durchschnittlichen Leistungszuwachses folgendermaßen erklären: Je weniger eine Lehrkraft der Meinung ist, dass die heutigen Kinder im Vergleich zu vor zehn Jahren selbstbewusster, oberflächlicher, unruhiger, unkonzentrierter, heterogener und weniger begeisterungsfähig sind, desto besser haben die Kinder ihrer Klasse gelernt, Rechts und Links zu unterscheiden. Dieser zunächst überraschende Befund lässt sich vielleicht so verstehen, dass Kinder, die schon wissbegierig und neugierig, mit vielen Ideen und großen Vorkenntnissen in die Schule kommen, oft Rechts und Links schon am Anfang der ersten Klasse richtig unterscheiden können und deshalb nicht so hohe Lernzuwächse aufweisen.

Das Rechnen und das Zahlbild

Die durchschnittlichen Leistungszuwächse der Klassen bei den Aufgaben 3 und 4 (Addition und Subtraktion mit Möglichkeit des Abzählens) lassen sich mit einer Varianzaufklärung von jeweils 13 % auf die Bedeutung, welche die Lehrkräfte dem Vorwissen beimessen, erklären.

---

[14] Zur Definition der Gruppen „eher reformpädagogisch orientiert" und „eher traditionell orientiert" s. S. 67.

Allerdings ist die Leistungssteigerung in denjenigen Klassen größer, deren Lehrkräfte das Vorwissen der Kinder für *weniger* bedeutsam halten. Bei der Interpretation dieses Ergebnisses ist zu berücksichtigen, dass die Aufgaben 3 und 4 nicht an Alltagserfahrungen der Kinder anknüpfen. Kaum ein fünf- oder sechsjähriges Kind beobachtet und zählt Vögel auf einer Stromleitung. Die Abbildungen sind aber von der gleichen Art, wie man sie auch häufig in Schulbüchern findet. Solche Aufgaben lassen sich am Besten dann lösen, wenn man (unabhängig von der eigenen Interpretation des Sachverhaltes) gelernt hat, die formale Lösungsgleichung zu finden, die der Aufgabensteller im Kopf hatte. Und dies lernt man nicht in einem Unterricht, der an die Alltagserfahrungen der Kinder anknüpft, sondern in einem Unterricht, in dem viele solcher Aufgaben unabhängig vom Vorwissen der Kinder behandelt werden.

Von der Varianz der durchschnittlichen Leistungssteigerung der Schülerinnen und Schüler einer Klasse bei Aufgabe 7 lassen sich 17 % erklären. Je mehr eine Lehrkraft meint, dass das Automatisieren der Erarbeitung des Verständnisses einer Rechenoperation vorangehen sollte, desto besser haben die Kinder ihrer Klasse gelernt, die Additionsaufgabe ohne Möglichkeit des Abzählens richtig zu lösen ($R = -0,41$). Hier muss also deutlich zwischen Leistungen und Leistungszuwächsen unterschieden werden. Die Leistungen am Ende der ersten Klasse beruhen ja auf einem längerfristigen Lernprozess, der schon lange vor der Einschulung begonnen hat. Sie sind bei denjenigen Kindern größer, die nach Einschätzung ihrer Lehrkräfte in der Lage sind, eigene Lösungswege zu finden (vgl. S. 72). Kurzfristig (also vom Beginn bis zum Ende der ersten Klasse) führt jedoch das automatisierende Üben, auch wenn die Addition als Rechenoperation nicht verstanden ist, zu größeren Leistungssteigerungen.

Die Leistungszuwächse bei Aufgabe 8 lassen sich (anders als die Leistungen am Ende von Klasse 1) nicht besser als die von Aufgabe 7 erklären. Man findet ein ganz ähnliches Ergebnis, durch das 15 % der Varianz aufgeklärt werden. Der Anteil der Kinder, die ohne Möglichkeit des Abzählens subtrahieren können, nimmt vom Beginn zum Ende der ersten Klasse umso stärker zu, je mehr die Lehrkraft der Klasse meint, dass Kinder am besten durch Anleitung lernen. Die Korrelation ist –0,39. Es zeigt sich also auch hier die kurzfristige Überlegenheit des kleinschrittigen Vorgehens.

Die Leistungszuwächse der Kinder bei Aufgabe 2 lassen sich – genauso wie die Leistungen – nicht auf Lehrermerkmale zurückführen.

Das räumliche Operieren

Der Anteil der Kinder einer Klasse, die über eine bewegliche Raumvorstellung, wie sie Aufgabe 10 abprüft, verfügen, steigt vom Beginn zum Ende von Klasse 1 umso stärker, je mehr die Lehrkraft der Klasse der Meinung ist, dass die Kinder in der Lage sind, eigene Lösungswege zu finden. Es werden 19% der Varianz aufgeklärt ($R = 0,43$). Dieses Ergebnis deckt sich mit dem von Seite 73. Bewegliche Raumvorstellungen können nicht im einem angeleiteten Lehrgang erworben werden, sondern beruhen auf individuellen Erfahrungen. Ganz anders ist dies beim grafischen Verdoppeln und Halbieren.

Der Anteil der Kinder einer Klasse, die grafisch Verdoppeln können (Aufgabe 12), nimmt in Klasse 1 umso mehr zu, je mehr die Lehrkraft der Klasse der Meinung ist, dass Rechenoperationen zuerst automatisiert werden müssen, bevor es sinnvoll ist, ein Verständnis für die Operation zu entwickeln. Es werden 29 % der Varianz aufgeklärt ($R = 0,53$). Hier besteht zwischen der Erklärung der Leistung und der Erklärung des Leistungszuwachses die gleiche Diskrepanz wie bei Aufgabe 7.

Wie stark sich eine Klasse beim grafischen Halbieren (Aufgabe 11) verbessert hat, hängt hingegen von zwei Meinungen ab. Der Leistungszuwachs ist in denjenigen Klassen größer, deren Lehrkräfte eher meinen,

    1. dass die Kinder *keine* eigenen Lösungswege finden können (Gewicht = –0,59), aber

2. dass heutige Kinder wissbegieriger, selbstbewusster, neugieriger, ideenreicher und vorkenntnisreicher sind (Gewicht = 0,50).

Die Varianzaufklärung liegt bei 32 % bei einer multiplen Korrelation von 0,57. Lehrkräfte, die ihren Schülerinnen und Schülern keine eigenen Lösungswege zutrauen, bevorzugen im Unterricht ein schematisches Vorgehen. Dieses führt wieder kurzfristig zu einer höheren Leistungssteigerung. Aber hier schlägt auch (genau wie bei den Leistungen) die positive Wirkung des pädagogischen Optimismus' durch.

Die Wahrnehmung

Die Leistungszuwächse bei den Aufgaben 6 (Dreiecke erkennen) und 9 (Würfelbauten vergleichen) lassen sich nicht durch Lehrereinstellungen erklären. Dies hängt sicher damit zusammen, dass diese Inhalte in der ersten Klasse nicht behandelt werden. Die oben gefundene Wirkung der sprachlichen Fähigkeiten der Kinder auf die Leistungen bei Aufgabe 6 betrifft Anfang und Ende der Klasse 1 in gleicher Weise und ist deshalb bei den Leistungszuwächsen nicht zu beobachten.

Der Anteil richtiger Lösungen beim Schätzen von Anzahlen (Aufgabe 13) wird vom Beginn zum Ende der ersten Klasse umso größer, je mehr die Lehrerin bzw. der Lehrer der Klasse meint, dass Kinder heute wissbegieriger, selbstbewusster und neugieriger sind und mehr Ideen und größere Vorkenntnisse haben. Die Korrelation liegt bei 0,46. Es werden also 21 % der Varianz erklärt. Dieses Ergebnis deckt sich wieder mit dem, was schon bei Betrachtung der Leistungen festgestellt wurde.

7 Zusammenfassung und Schlussfolgerungen

Nachdem wir nun die Ergebnisse des Eingangstests und die Ergebnisse bei der Lösung der von uns gestellten Aufgaben am Ende der Klasse 1 ausgewertet haben, möchten wir einige unserer Meinung nach wichtigen Ergebnisse kurz zusammenfassen und Schlussfolgerungen mit Blick auf den Mathematikunterricht der Grundschule ziehen.

Insgesamt haben wir bei unseren Untersuchungen zu **Beginn des Schuljahres**[15] erhebliche mathematische Kompetenzen von Schulanfängern feststellen können. Gleichzeitig mussten wir erwartungsgemäß wiederum große Unterschiede in den Fähigkeiten, die von uns gestellten Aufgaben zu lösen, feststellen. Diese Differenzen sind auf unterschiedlichen Ebenen festzustellen:

- Zum einen werden enorme Unterschiede in den Lösungsstrategien der Kinder bei einzelnen Aufgaben deutlich. Kinder, die elaborierte Strategien z.B. zur Lösung von Additionsaufgaben mit Zehnerüberschreitung nutzen, sitzen in einer Klasse neben Kindern, die im wahrsten Sinne des Wortes nicht bis drei zählen können.

- Zum anderen sind große Leistungsunterschiede zwischen den Klassen an ein- und derselben Schule festzustellen, was bedeutet, dass man sich bei gleichem sozialen Umfeld die in einer Klasse gemachten Erfahrungen nicht auf andere Klassen übertragen kann.

- Darüber hinaus haben wir erhebliche Leistungsdifferenzen zwischen verschiedenen territorialen Bereichen festgestellt.

Vergleicht man die zu Beginn des Schuljahres erfassten Daten mit denen, die wir bei der Lösung identischer Aufgaben **am Ende der Klasse 1** erhoben haben, so ist im Allgemeinen ein (erwarteter) erheblicher Leistungszuwachs festzustellen. Betrachtet man die Ergebnisse differenzierter, so ist darüber hinaus festzuhalten:

- Es gibt Aufgaben, bei denen wir negative Zuwächse (Verschlechterungen in den Leistungen) bzw. nur sehr geringe Zuwächse feststellen konnten. Das betraf zum einen Aufgaben, die bereits zu Beginn der Klasse 1 erhebliche Leistungen sichtbar wurden. Hier war kaum eine Steigerung möglich. Zum anderen betraf es aber auch Aufgaben, bei denen diese Möglichkeit durchaus gegeben war, und zwar vorrangig um Aufgaben geometrischen Inhalts. Ganz gravierend (insbesondere bei den Berliner Klassen) war dies bei der Aufgabe zur Feststellung der Anzahl von Würfeln bei zwei Würfelbauten.

- Wir können im Ergebnis unserer Untersuchungen die nach den Ergebnissen von PISA naheliegende Hypothese, dass gute Eingangsvoraussetzungen auch zwangsläufig zu besseren Ergebnisses führen, nicht bestätigen. Zumindest bezogen auf einen Großteil der von uns gestellten Aufgaben zeigt sich, dass Schule Erfahrungsdefizite der Kinder abbauen kann, dass Klassen mit geringen Eingangsvoraussetzungen am Ende der Klasse 1 durchaus bessere Ergebnisse erreichen können als Klassen mit besseren Startbedingungen – immer bezogen auf die von uns gestellten Aufgaben. Sicher hat der Abbau von Sprachschwierigkeiten in Klassen mit hohem Anteil von Kindern nichtdeutscher Herkunft mit zu diesem Ergebnis beigetragen.

- Es zeigt sich, dass zu Beginn festgestellte Unterschiede in den Leistungen ausgeglichen werden können. Im allgemeinen sind Schwankungen in den Leistungen der Klassen bei den einzelnen Aufgaben geringer geworden, wozu insbesondere beiträgt, dass die Klassen, die im unteren Leistungsbereich lagen, sich deutlich verbessert haben. Eine Ausnahme bildeten die Aufgaben 3 (7-5), 9 (Würfelbauten) und 10 (Bus), bei denen die Schwankungen in den Leistungen der einzelnen Klassen größer geworden sind. Die beiden letztgenannten Aufgaben betreffen Aufgaben, zu deren Lösung au-

---

[15] Die genauen Ergebnisse vgl. Teil 1 dieser Veröffentlichung.

ßerschulische Erfahrungen notwendig sind, die nicht bzw. nur in geringem Umfang Berücksichtigung im Mathematikunterricht der Klasse 1 finden.

- Wir mussten vom ersten zum zweiten Messzeitpunkt eine Tendenz zur Zunahme der Berechnung einer Lösung bei der von uns gestellten Kapitänsaufgabe konstatieren. Das sollte darauf aufmerksam machen, wie wichtig es ist, sich gemeinsam mit den Kindern inhaltlich mit gestellten Aufgaben auseinander zusetzen und nicht sofort drauflos zu rechnen.

- Am Ende der Klasse 1 haben wir in dieser Untersuchung bei einigen Aufgaben signifikante Unterschiede in den Leistungen von Jungen und Mädchen festgestellt, meist zum Vorteil der Jungen (Würfelbauten, Verdoppeln, Schätzen). Dagegen zeigten die Mädchen bei der Aufgabe zur Orientierung (Mitte, darüber, rechts) signifikant bessere Leistungen.

- Zwischen Lehrereinstellungen und Kinderleistungen, so haben wir festgestellt, besteht keine einseitige sondern eine wechselseitige Beziehung. Lehrkräfte, die häufiger leistungsstarke Klassen unterrichten, in denen es z.B. weniger sprachliche Probleme gibt, schätzen das Vorwissen, die Motivation, das Lernpotential und die Fähigkeiten ihrer Schülerinnen und Schüler höher ein und führen diese Klassen auch am Ende des ersten Schuljahres zu höheren Leistungen. Aber auch Lehrkräfte, die große Probleme sehen und geringere Erwartungen an das Leistungsvermögen ihrer Schülerinnen und Schüler haben, erreichen bei den arithmetischen Aufgaben große Leistungssteigerungen in ihren Klassen. Dies gilt jedoch nicht für geometrische Aufgaben. Hier sind sowohl bei den Leistungen als auch bei den Leistungszuwächsen diejenigen Kinder im Vorteil, die eigene Lösungswege gehen dürfen.

Betrachtet man die Ergebnisse unserer Studien mit Blick auf den Mathematikunterricht der Klasse 1, so ergeben aus unserer Sicht einige Schlussfolgerungen:

- Es ist offensichtlich notwendig, sich immer wieder von der Lernausgangslage der Kinder zu überzeugen. Das betrifft den Beginn eines Schuljahres; aber auch vor Einführung jedes neuen Inhaltsbereiches sollte eine solche Feststellung der Lernausgangslage zum festen methodischen Repertoire jeder Lehrerin/jedes Lehrers gehören. Dazu können, wie wir gezeigt haben, bereits in Klasse 1 schriftliche Tests genutzt werden. Derartige Tests können aber die genaue Beobachtung der Kinder im Unterricht nicht ersetzen.

- Eine solche Analyse der Lernausgangslage muss in einen differenzierten Unterricht münden, der sowohl Unter- als auch Überforderung vermeidet. Eine solche natürliche Differenzierung (offene Aufgabenstellungen, kein Vorschreiben von Lösungswegen) muss sowohl Einführungs- als auch Festigungsphasen betreffen. Differenzierung in Festigungsphasen finden im Unterricht bereits häufiger statt als solch in Einführungsphasen. Hier bieten einige neuere Lehrwerke[16] den Lehrerinnen und Lehrern Anregungen.

- Kinder sollten zunehmend und von Beginn des Unterrichts an angehalten werden, über ihre Lösungsweg, ihre geistigen Handlungen zu reflektieren. Dies kann in Form von Rechentagebüchern oder durch lautes Denken geschehen. Dieses Reflektieren muss dann in einer Verbalisierung des Lösungsweges münden, die Kinder sollen erklären, wie sie gerechnet haben und warum sie so vorgegangen sind. Das kann dazu führen, dass die Kommunikation der Kinder untereinander über ihre Lösungswege und Ideen auch im Mathematikunterricht den ihr gebührenden Stellenwert erhält.

---

[16] z.B. Das Zahlenbuch (Hrsg. Müller/Wittman; Klett), Rechenwege (Hrsg. Käpnick; Cornelsen/Volk und Wissen), Primo (Hrsg. Grassmann; Schroedel)

- Der Entwicklung des Zahlbegriffs der Kinder, den Vorstellungen zu Zahlen und Größen, muss mehr Aufmerksamkeit im Mathematikunterricht der Grundschule geschenkt werden. Das beinhaltet z.B., dass dem Schätzen und Messen, dem Reflektieren über Schätz- und Messmethoden von Beginn an mehr Aufmerksamkeit zu widmen ist.

- Die Kinder müssen Gelegenheit erhalten, zu den einzelnen Rechenoperationen inhaltliche Vorstellungen aufzubauen. Die Symbole müssen für die Kinder stets mit Inhalten gefüllt werden können, eine Abkopplung der inhaltlichen von der symbolischen Ebene darf nicht zugelassen werden. Diese enge Verbindung zwischen Inhalt und Symbol ist insbesondere bei der Modellierung von Sachaufgaben wichtig. Die Kinder müssen selbst zu gegebenen Sachverhalten eine adäquate Rechenaufgaben finden können. Dazu erscheint es z.B. notwendig, die Kinder anzuhalten, Rechengeschichten zu Bildern zu erzählen, Rechengeschichten selbst zu erfinden, Aufgaben inhaltlich zu analysieren, evtl. nachzuspielen. Dazu gehört auch, dass die Kinder „Kapitänsaufgaben" erkennen.

- Die Weiterentwicklung der Aufgabenkultur im Mathematikunterricht der Grundschule erscheint notwendig. Zum einen ist eine ausgewogene Berücksichtigung aller Rechenoperationen in den Aufgaben notwendig. Für die Klasse 1 bedeutet das, dass mehr Subtraktionsaufgaben zu berücksichtigen sind. Zum anderen ist der Anteil der Aufgaben zu erhöhen, bei deren Lösung die Kinder mathematische Strukturen und Gesetzmäßigkeiten, eigene Lösungswege entdecken und gehen können. Das schließt ein, dass wichtige Lösungsstrategien, wie z.B. das Verdoppeln und Halbieren, gegensinniges und gleichsinniges Verändern, der Übergang zu Nachbaraufgaben im Unterricht thematisiert und zur Lösung von Aufgaben genutzt werden.

- Auch wenn die räumliche Geometrie in den meisten Rahmenplänen[17] für das erste Schuljahr nicht vorgesehen ist, sollte der Schulung des räumlichen Vorstellungsvermögens auch in Klasse 1 Aufmerksamkeit geschenkt werden. Hier sollten die Kompetenzen, welche die Kinder zu Schulbeginn mitbringen, nicht brachliegen gelassen werden. Geometrische Fähigkeiten werden auch im Arithmetikunterricht benötigt: Orientierungen (Zahlenstrahl, Zurechtfinden im Klassenzimmer und auf der Schulbuchseite), Rechenmaterialien haben geometrische Formen, welche die Kinder erkennen können müssen.

- Schließlich sollte auch bedacht werden, dass Mädchen und Jungen gleichermaßen im Mathematikunterricht gefördert und gefordert werden.

Schließen wollen wir unseren Beitrag mit der Aufforderung:

Den Kindern mehr zutrauen – auch im Mathematikunterricht der Grundschule.

---

[17] In Baden-Württemberg wird z.B. bereits in der Klasse 1 gefordert, von Körpern auszugehen, um Flächenformen herauszulösen.

8. Literatur

Bortz, Jürgen (1999): Statistik für Sozialwissenschaftler. 5. Aufl. Berlin u.a., S. 442-446.

Grassmann, M. (2000): Kinder wissen viel - zusammenfassende Ergebnisse einer mehrjährigen Untersuchung zu mathematischen Vorkenntnissen von Grundschulkindern. Hannover

Grassmann, M. (2002/2003): Primo – Mathematik. Lehrbücher für die Klassen 1 bis 4. Hannover

Grassmann, M./Klunter, M./Köhler, E./Mirwald, E./Raudies, M./Thiel, O. (2002): Mathematische Kompetenzen von Schulanfängern – Teil 1: Kinderleistungen und Lehrererwartungen. Potsdamer Studien zur Grundschulforschung 30. Potsdam

Hengratner, E./Röthlisberger, H.: (1994): Rechenfähigkeit von Schulanfängern. In: Brügelmann, H. u. a. (Hrsg.): Am Rande der Schrift. Konstanz

Käpnick, F. (Hrsg.) (1998/1999/2002/2001): Rechenwege. Berlin

Müller, G. N./Wittman, E. Ch. (Hrsg.) (2000): Das Zahlenbuch. Berlin

Radatz, H. (1983): Untersuchungen zum Lösen eingekleideter Aufgaben; JDM 3; S. 205 – 217

Schmidt, R./Weiser, W. (1982): Zählen und Zahlverständnis von Schulanfängern. In: Journal für Didaktik der Mathematik, H. 3/4 , S. 227-263

Selter, Ch. (1995): Die Fiktivität der „Stunde Null" im arithmetischen Anfangsunterricht. In: Mathematische Unterrichtspraxis, H. 2, S. 11-19

van Luit, J/van de Rijt, A. M. /Hasemann, K. (2001): Osnabrücker Test zur Zahlbegriffsentwicklung. Göttingen

van de Heuvel-Panhuizen, M. (1996): Assesment and realistic mathematics education. Freudenthal - Utecht

In dieser Reihe bereits erschienen:

Heft 1   Hempel, Marlies: Soziales Lernen in der Grundschule : Sozialkompetenz und Sozialerfahrungen von Mädchen und Jungen . - 1994. - 48 S.: graph. Darst.

Heft 2   Hempel, Marlies ; Hartmann, Jutta: Geschlecht als soziale Kategorie in der Lehramtsausbildung. - 1994. - 63 S.

Heft 3   Hempel, Marlies: Mädchen und Jungen im Schulbuch : das Geschlechterverhältnis in den Schulbüchern des Sachunterrichts und der Politischen Bildung. - 1994. - 117 S.

Heft 4   Scheerer-Neumann, Gerheid: Lesenlernen : Entwicklungsprozesse und Probleme. - 1995. - 51 S.

Heft 5   Felger-Pärsch, Anneliese: Untersuchungen zum Stand der Entwicklung von Selbstkonzepten bei Schülern der Primarstufe Klasse 4 : eine Erkundungsstudie. - 1995. - 111, 8 S. : Ill.

Heft 6   Müller, Horst (Hrsg.): Überlegungen zur Weiterentwicklung des Rahmenplans Mathematik für Grundschulen des Landes Brandenburg. - 1995. - 76 S.

Heft 7   Knauf, Tassilo u.a. (Hrsg.): Ausbildung von Lehrerinnen und Lehrern für die Grundschule : Erfahrungen, Ergebnisse, Probleme. - 1996. - 87 S.

Heft 8   Hempel, Marlies ; Hartmann, Jutta: Lebensplanung und Berufsorientierung - ein Thema für die Grundschule?. - 1995. - 60 S. : Ill.

Heft 9   Giest, Hartmut: Kognition und Unterricht in der Grundschule. - 1995. - 99 S.

Heft 10   Frohne, Irene: Umwelt erfahren und verstehen : Studie zur Didaktik des Sachunterrichts. - 1996. - 50 S.

Heft 11   Begegnung mit Sprache in Grundschulen des Landes Brandenburg (BmSB) : Beiträge zur gemeinsamen Konferenz des Ministeriums für Bildung, Jugend und Sport des Landes Brandenburg und der Universität Potsdam, Forschungsgruppe BmSB des Instituts für Grundschulpädagogik, am 7. Dezember 1995. - 1996. - 54 S.

Heft 12   Antrittsvorlesungen / [Hrsg.: Direktorium des Instituts für Grundschulpädagogik]. - 1996. - 96 S. : graph. Darst.

Heft 13   Müller, Horst (Hrsg.): Überlegungen zur Weiterentwicklung des Rahmenplans Mathematik für Grundschulen des Landes Brandenburg
Teil 2. - 1996. - 140 S. : Ill.

Heft 14   Das IEP im 3. Jahr : Potsdamer Modell der Lehrerbildung und Integriertes Eingangssemester Primarstufe (IEP) ; Werkstattheft / Bearb.: Ursula Drews... - 1996. - 69 S.

Heft 15   Aissen-Crewett, Meike: Kunst-Rezeption bei Kindern : zur psychologisch-pädagogischen Grundlegung. - 1997. - 71 S.

Heft 16   Aissen-Crewett, Meike: Menschliche und künstlerische Entwicklung. - 1997. - 103 S.

Heft 17   Drews, Ursula: Grundschulpädagogik - Stiefkind in Lehre und Forschung? : Vortrag anläßlich des Dies academicus an der Universität Potsdam am 25. Juni 1997. - 1997. - 26 S.

Heft 18   Giest, Hartmut (Hrsg.): Sachunterricht : Fragen, Probleme, Standpunkte zur Entwicklung des Sachunterrichts aus der Sicht der Neuen Bundesländer. - 1997. - 146 S

Heft 19   Aissen-Crewett, Meike: Grundriss der ästhetisch-aisthetischen Erziehung. - 1998. - 400 S.

Heft 20 Grundlegung von Bildung in der Grundschule von heute, Potsdam, 05. - 07.06.1997 : Konferenzbeiträge / Wiss. Red.: Ursula Drews ; Anja Durdel. - 1997. - 323 S.

Heft 21 Lernen in den Klassen 5 und 6 : Werkstattheft / Wiss. Red.: Barbara Wegner. - 1998. - 133 S.

Heft 23 Multiple Intelligenzen : Chance und Herausforderung fuer die Pädagogik / mit Beitr. von W. Goessel ; E. Schröder ; Th. Trautmann ; M. Aissen-Crewett. - 1998. - 182 S.

Heft 24 Frohne, Irene ; Möller, Angelika ; Schübel, Adelbert u.a. : Erfahrungen mit einem fächerübergreifenden Ansatz zur Ermittlung von Kompentenz. - 1999. - 103 S. 4,50 €

Heft 25 Giest, Hartmut: Lernen und Lehren in Grundschule - empirische Erhebungen im Sachunterricht. - 1999. - 115 S. 5,00 €

Heft 26 Frohne, Irene ; Gordesch, Johannes ; Zapf, Antje: Frohne, Irene: Ermittlung von Kompetenz : eine Untersuchung in den Jahrgangsstufen 5 und 6. - 2000. - 81 S. ISBN 3-935024-00-2 5,00 €

Heft 27 Klunter, Martina ; Köhler, Egon ; Raudies, Monika: Ermittlung von Sach- und Methodenkompetenz in den Klassen 5 und 6 im Fach Mathematik. - 2000. - 55 S. ISBN 3-935024-19-3 5,00 €

Heft 28 Carlhoff, Gabriele; Gappa, Daniele: Auf den Spuren des Integrierten Eingangssemesters Primarstufe (IEP) : ein studentisches Forschungsprojekt stelle sich vor ; Werkstattheft . - 2001. - 41 S. ISBN 3-935024-23-1 4,00 €

Heft 29 Scheerer-Neumann, Gerheid: Lese-Rechtschreibschwierigkeiten : Analyse und Förderung ; gesammelte Beiträge. - 2002. - 75 S. ISBN 3-935024-43-6 5,00 €

Heft 30 Grasmann, Marianne: ; Klunter, Martina ; Köhler, Egon ; Mirwald, Elke ; Raudies, Monika ; Thiel, Oliver: Mathematische Kompetenzen von Schulanfängern Teil 1. Kinderleistungen - Lehrererwartungen - 2002. - 72 S. ISBN 3-935924-51-7 6,00 €

Heft 31 Grasmann, Marianne: ; Klunter, Martina ; Köhler, Egon ; Mirwald, Elke ; Raudies, Monika ; Thiel, Oliver: Mathematische Kompetenzen von Schulanfängern Teil 2. Was können Kinder am Ende der Klasse 1? ISBN 3-935924-75-4 6,00 €